Anthologie des poètes bretons du XVIIe siècle

Stéphane Halgan, le comte de Saint-Jean, Olivier de Gourcuff et René Kerviler

© 2024, Stéphane Halgan, Olivier de Gourcuff (domaine public)
Édition : BoD • Books on Demand GmbH, In de Tarpen 42, 22848 Norderstedt (Allemagne)
Impression : Libri Plureos GmbH, Friedensallee 273, 22763 Hamburg (Allemagne)
ISBN : 978-2-3225-4326-7
Dépôt légal : Août 2024

INTRODUCTION

I L n'y a pas eu de grand poète, en Bretagne, depuis les bardes inconnus dont M. de la Villemarqué s'est fait l'interprète habile et ému, jusqu'à Auguste Brizeux, l'initiateur et le modèle de la poésie intime et locale, l'émule de William Cowper et du Gœthe d'Hermann et Dorothée. Mais, à défaut des poètes qui tracent un sillon enflammé ou laissent traîner une douce lueur d'étoiles, la Bretagne a vu naître et se consacrer à la Muse, des dernières années du XVe siècle aux premières du XIXe, bien des talents ingénieux et aimables, que les caprices de la mode et l'éloignement de la capitale ont fait méconnaître ou oublier.

Ce qui frappe tout d'abord, quand on étudie la poésie bretonne du XVIIe siècle, c'est le prolongement de l'école du XVIe, et ce qu'on pourrait appeler la fidélité à Ronsard. La Bretagne, affirmant une fois de plus sa ténacité proverbiale, donne un dernier asile à la Pléiade proscrite, battue en brèche de tous côtés, et, jusqu'en 1625, en plein triomphe et trois ans avant la mort de Malherbe, le ronsardisme y fleurit à l'aise. François Auffray tente maladroitement de transporter dans le drame les complications mythologiques, la métaphysique abstraite de la Franciade, *mais il épure sa forme et trouve sa vraie voie dans ses* Hymnes et Cantiques, *éloquents à la façon des* Discours sur les misères de ce temps. *Nicolas Dadier jonche de fleurs parfumées, prises au bouquet de Remi Belleau, le sanctuaire de sa* Parthenice Mariane ; *le dernier des élèves de Ronsard, ce Du Bartas à qui il ne manqua que le goût et la mesure pour devenir un Lucrèce chrétien, trouve un fervent adepte dans Alexandre de Rivière. Que si l'on objecte que Dadier et Rivière sont de simples traducteurs, il est aisé de répondre que leurs imitations du Mantouan et de Palingene rendraient des points, en liberté, aux* belles infidèles *de Perrot d'Ablancourt.*

Cependant la Bretagne, pour rétive qu'elle soit aux nouveautés, laisse pénétrer la réforme de Malherbe, elle accepte le joug de Boileau, elle fait sa paix avec la poésie régulière et mesurée. Le poète qui scelle cet accord est resté le plus connu de cette période : c'est René Le Pays ; il y a plus et mieux en lui qu'un Voiture de province ; le bon sens narquois, l'enjouement piquant se font jour presque à chaque page de ses trois volumes, et ont à leur service une langue pleine de souplesse et de verdeur. À côté de Le Pays, le Croisicais René Gentilhomme, sieur de Lespine, s'essaie agréablement dans la poésie de cour, et le sémillant marquis de Montplaisir nous laisse entrevoir assez de ses jolis vers pour nous faire regretter qu'il se soit jugé trop grand seigneur pour les publier lui-même. On était encore sous Louis XIII et Richelieu, quand un poème, où la louange était trop vraiment nationale pour paraître excessive, et s'exprimait dans un style ferme et élevé, méritait de faire vivre le nom de Du Bois-Hus.

Le clergé de Bretagne, les ordres religieux, comptent dans leur rang des lettrés, qui ajoutent plus d'un fleuron à la couronne poétique de leur province. Dadier était carme, Aufray devint recteur de campagne ; un prêtre de Ploërmel, Messire Baudeville, dramatise la vie légendaire du saint patron de sa ville ; un jésuite de Nantes, le Père de Cériziers, écrit, sur le modèle de Boëce, qu'il avait paraphrasé d'abord, une Consolation *mêlée de prose et de vers élégants, qu'entachent malheureusement les* concetti ; un autre membre du clergé nantais, Jean Barrin de la Galissonnière, prélude à une pieuse vieillesse par des juvenilia, *dont le moins compromettant et le plus littéraire est la traduction, souvent réimprimée, des* Epîtres et Elégies d'Ovide *; l'évêque de Léon, Jean de Montigny, meurt à la fleur de l'âge, quand on pouvait croire que ses fruits passeraient les promesses des fleurs ; le vénérable Grignion* de Montfort multiplie, dans un but d'édification, des cantiques *simples et naïfs, au milieu desquels on est tout surpris de trouver une satire, vivante peinture des mœurs de son époque*. L'Église réformée a aussi son poète militant, dans le pays d'Henri de Rohan et de François de la Noue ; c'est un pasteur de Blain, Philippe Le Noir, qui puise dans une touchante candeur assez de force pour mener jusqu'au bout le plus redoutable sujet, la vie et la mort de Jésus-Christ.

Si les genres majestueux, l'épopée, l'ode, l'élégie, font médiocre figure, si le drame n'a que deux échantillons, l'un (la Zoanthropie, d'Auffray) *bien fruste et mal dégrossi, l'autre* (la Vie de saint Armel) *mutilé par les copistes, la poésie satirique nous offre, dans la Bretagne du XVIIe siècle, plus d'un représentant. Le cantique du Père de Montfort laisse place à l'observation caustique ; j'ai dit ailleurs les terreurs de l*'Enfer *d'Auffray, et les flèches acérées de ses quatrains. Paul Hay du Chastelet est un satirique âpre et honnête, qui annonce Boileau. Le trait moqueur s'embusque quelquefois derrière les récits de voyages et d'amour de Le Pays ; la main gantée de Montplaisir le décoche aisément ; il se change en massue dans l'espèce de gazette rimée par laquelle un Malouin, né malin et aimant le gros rire, riposte à la ridicule expédition des Anglais contre sa patrie, en 1694.*

Les femmes — cette galanterie est un simple hommage à la vérité — tiennent un rang fort honorable sur le Parnasse breton du XVIIe siècle. La noble voix qui s'élève, qui célèbre en accents plaintifs la mort de Henri IV, est celle de la princesse Anne de Rohan. Catherine Descartes emprunte à son illustre oncle, qu'elle loue dignement et paraît revendiquer pour la Bretagne, quelque chose de son fier bon sens. Henriette de Castelnau, comtesse de Murat, croise les élégances parisiennes sur le costume breton dont sa personne et ses écrits aiment à se parer. Julienne Cuquemelle a été appelée la Cynthie des Bretons ; il semble que sa piété et sa modestie l'aient seules empêchée de devenir l'égale d'Anne de Schurmann ou d'Olympia Morata.

Que conclure de ce bref exposé du mouvement poétique en Bretagne, de la fin du règne de Henri IV au milieu du règne de Louis XIV ? Il faut se garder d'un enthousiasme irréfléchi et d'un scepticisme aussi peu raisonné ; ce fait, qu'il n'y a pas eu un talent de premier ordre, mais beaucoup de bons esprits au second plan, permet d'asseoir une opinion équitable entre ces deux extrêmes. Plus de vingt noms de poètes, sans que la quantité suppléé toujours à la qualité, ont paru mériter d'être remis en lumière ou tirés de l'oubli. C'en est assez pour réfuter, en ce qui concerne la poésie du XVIIe siècle, le préjugé malveillant qui méconnaissait les richesses intellectuelles des Bretons. Sauf la Normandie, qui eut à cette époque une merveilleuse floraison poétique, il n'y avait alors aucune de nos provinces avec qui la Bretagne ne fût de force à se mesurer.

OLIVIER DE GOURCUFF.

NOTE BIBLIOGRAPHIQUE

L ES *indications bibliographiques sont disséminées dans cet ouvrage ; nous donnons seulement ici les noms des possesseurs des plus rares volumes qui nous aient servi ; ce nous est une occasion de remercier les bibliophiles qui ont obligeamment facilité notre tâche.*

La Parthenice Mariane, *de Nicolas Dadier, ajoute à sa valeur intrinsèque l'intérêt d'être une impression bretonne (Rennes, Tite Haran, 1613) ; l'exemplaire que nous avons consulté appartient à M. de la Borderie.*

M. de la Borderie nous a communiqué la Légende de saint Armel, *de Messire Baudeville ; quoique ce soit un livre moderne, imprimé à Saint-Brieuc, en 1855, par les soins de M. S. Ropartz, il est aujourd'hui rare et recherché.*

On ne connaît qu'un exemplaire de la Zoanthropie d'Auffray : *c'est celui de la Bibliothèque publique de Nantes ; quant aux* Hymnes et Cantiques, *ils sont bien rares aussi, et l'une des plus anciennes impressions briochines ; ils nous ont été prêtés par M. le Bon de Wismes.*

La Bibliothèque de l'Arsenal, à Paris, nous a fourni un précieux contingent d'anciens recueils poétiques ; à celle de la ville de Rennes nous sommes redevables du Recueil de Rondeaux et Sonnets, *imprimé à Nantes, en 1687.*

M. de la Borderie a encore mis à notre disposition trois rares volumes de sa riche collection : la Nuict des nuicts, le Jour des jours... *de Du Bois-Hus, le* Zodiaque poétique, *d'Alexandre de Rivière, et le poème du* Bombardement de Saint-Malo *(1694), par un anonyme. (Ce dernier et introuvable petit livre est une impression malouine ; il venait de la bibliothèque du poète breton Édouard Turquety.)*

La première édition de la traduction des Epistres d'Ovide, *par Jean Barrin (Paris, Claude Barbin, 1666), appartient à M. Olivier de Gourcuff. Les autres éditions des traductions de Barrin, l'unique édition de Montplaisir, les diverses éditions de Le Pays, de Cériziers, de l'*Emanuel *de* Le Noir, *des* Cantiques *du Père Monfort, n'ont pas les mêmes mérites de rareté que les livres mentionnés ci-dessus.*

Nous remarquerons toutefois que la satire du P. Montfort sur les dérèglemens de Rennes (voir ci-dessous, p. 233), ayant été exclue de toutes les éditions des Cantiques *faites en Bretagne, manque dans beaucoup d'exemplaires : nous nous sommes servis de la troisième édition (sans date) imprimée à Niort pour Jacques Desbordes, qui nous a été communiquée par M. de la Borderie.*

*Nous tenons aussi à compléter ce qui est dit dans notre texte (p. 159-160 ci-dessous) des éditions de l'*Emanuel *de* Le Noir. Il] *a eu de ce poème, au* XVIIe *siècle, au moins sept éditions : la première (non signalée jusqu'ici, mais dont M. de la Borderie possède un exemplaire) imprimée en 1657*

« par René Rousseau, imprimeur demeurant à Paris, au milieu de la ruë Gallande, joignant l'enseigne des trois Poullettes ; » la deuxième en 1658 ; la troisième vers 1660 ou 1661 ; la quatrième donnée par Louis Vendosme à Paris, en 1664, avec des additions importantes formant environ un millier de vers, et consistant en « trente-cinq histoires ou passages notables de l'Évangile ; » la cinquième imprimée à Niort en 1666 par Philippe Bureau, et qui (chose singulière) ne contient pas les additions de 1664 ; la sixième à Rouen en 1673 ; la septième imprimée à Saumur en 1678, par René Péan. Il y en eut aussi une, cent ans plus tard (en 1772 à Amsterdam), selon M. Bizeul, qui dans l'excellent article Le Noir donné par lui à la Biographie Bretonne (II, p. 286) ne mentionne, outre cette édition, que celles de 1678, 1673 et 1658.

Notons encore, quoi qu'en dise la Biographie Bretonne (I, p. 484), que Julienne Cuquemelle n'a point publié deux recueils de Cantiques, mais un seul qui a eu deux éditions, l'une en 1711, l'autre en 1725, dont la seconde, comme l'indique le titre, est augmentée.

Enfin on trouvera peut-être M. Stéphane Halgan (ci-dessous, p. 117 et 168), trop sobre d'indications sur le recueil si rare et si curieux qui contient les poésies de René Gentilhomme et de Babin. Mais une publication antérieure de la Société des Bibliophiles Bretons, le volume des Lettres nouvelles de Des Forges Maillard (1882), renferme sur René Gentilhomme et sur son recueil des renseignements très complets, aux pages 174 à 177 et 179 à 181.

NICOLAS DADIER

(1553-1628)

E que nous savons de la vie de Nicolas Dadier se réduit aux faits suivants : il naquit à Campénéac, près Ploërmel, en 1553 ; il entra dans l'ordre des Carmes que le Père Jean de la Croix avait tout récemment réformé, il se fit recevoir docteur en théologie, fut prieur à diverses reprises de plusieurs couvents de son ordre, notamment à Ploërmel et à Tours ; il mourut aux Carmes de Ploërmel, en 1628, à l'âge de 75 ans. Il est à croire qu'il écrivit plusieurs ouvrages de théologie, et prit part aux luttes scolastiques de son temps ; mais les deux seuls livres qui nous sont parvenus sous son nom n'ont pas ce caractère. Le premier, que M. de Kerdanet mentionne, mais qui, inconnu aux autres bibliographes, pourrait bien rejoindre, dans la catégorie des livres bretons supposés, la *Parure des Dames* de René-Timothée de Lespine, serait une *Brève description de l'Armorique* (1631, in-4°), espèce de statistique des principales villes de Bretagne ; le second, dont l'existence est, malgré sa rareté, dûment établie, est un poème d'un mysticisme fleuri, publié à Rennes, en 1613, chez Tite Haran, sous ce titre : *la Vie de la Vierge Marie, ou la Parthenice Mariane*. Ce n'est point une œuvre originale, mais une traduction, parfois fidèle, parfois très libre, d'un des sept poèmes que Battista, dit le *Mantouan*, poète latin du XVe siècle, composa en l'honneur des vierges saintes, et, en premier lieu, de la Vierge Marie. Ce compatriote de

Virgile, qu'Erasme mettait à peine au-dessous du maître, donna aux sept poèmes dont il s'agit les titres de *Parthenice prima, Parthenice secunda...* (du grec παρθένος, jeune fille) ; c'est ce qui explique ce bizarre assemblage de mots — la *Parthenice Mariane* — que Dadier emprunta à un traducteur français des premières années du XVIe siècle (Lyon, 1523) et qu'il mit à la tête de sa propre paraphrase de l'ouvrage du *Mantouan*.

Dadier a mis son livre sous la protection d'un des plus grands seigneurs, d'un des hommes les plus remarquables de son temps et de son pays : c'est *au très noble et vertueux seigneur, marquis de Rosmadec, baron de Molac, de la Hunaudaye et Montafillant, seigneur de Penhouet, gouverneur des ville et château de Dinan,* qu'il a dédié sa *Parthenice Mariane*. Ce Sébastien de Rosmadec est le même qui fut aussi gouverneur de Quimper et qui — au rapport de Lobineau — « avoit conçu de vastes desseins pour une nouvelle histoire de Bretagne ; » son portrait et la généalogie succincte de sa maison se trouvent dans la *Science Héroïque* de Vulson publiée à Paris, en 1644, et d'Hozier, lui faisant hommage de son édition de l'*Histoire de Bretagne*, de Pierre le Baud, parlait de « l'estime extraordinaire qu'il faisoit de ses vertus et de ses talents. » Dadier avait donc bien choisi le protecteur à qui il dédiait son livre ; elles n'étaient pas vaines, sans doute, les louanges par lesquelles il remerciait le marquis de Rosmadec de témoigner une bienveillance éclairée aux couvents de son ordre ; et sa reconnaissance s'appuyait ingénieusement sur des souvenirs historiques, quand il ajoutait : « Un chacun a aussi cognoissance du regret qui penetra vostre âme, après avoir veu les lamentables ruines de vostre maison et monastère des Carmes, jadis l'honneur de la ville de Ploërmel, temple fondé, basti et dédié, il y a plus de trois cents ans, par les anciens ducs et princes souverains de ce pays. » — À la suite de la dédicace à Rosmadec, se lisent deux sonnets *liminaires*, signés des noms obscurs de G. Leheulle et F. G. Le Roy ; ces sonnets, où l'emphase de convention étouffe tout accent sincère, égalent Dadier aux plus grands poètes ; ils prouvent du moins que la réputation du carme breton s'était étendue ; le second, celui de Le Roy, se termine par ces vers :

> Et comme un greffe enté sur une vive plante,
> La nourrit, l'embellit, la rend plus florissante,
> Et lui donne en saison un branchage ondoyant,
> Ainsi, ô mon Dadier, de ta Muse la gloire,
> S'unissant à Mantoue, au temple de Mémoire
> Te prépare un laurier à jamais verdoyant.

Je ne me demanderai plus, en étudiant les vers de Dadier, où et quand notre poète n'a été qu'un simple traducteur ; les traductions poétiques de son époque ont toute la saveur d'œuvres originales. Seulement, comme les divisions du poème appartiennent au Mantouan, je ne m'astreindrai pas à les suivre minutieusement, et je me placerai au point de vue du style et de la langue, beaucoup plus qu'à celui de la composition.

Dès le début de son poème, racontant les réjouissances qui accueillent la naissance de la Vierge, Dadier *ronsardise* agréablement.

> Au reste on couronna les portaux du logis
> De rameaux verdoyans et de bouquets fleuris.
> Par les rues aussi, les gaillardes chambrières
> Espanchèrent l'honneur des herbes printanières,
> Les voisins réjouis festoyèrent ce jour
> Comme le Sabat mesme, et n'y eut quarrefour
> Qui lors ne retentit du chant des gayes filles.

Est-ce qu'il ne se dégage pas de ces vers, comme du banc de violettes que Shakspeare fait respirer à son duc d'Illyrie, un frais et capiteux parfum ? Je mets en regard, comme opposition, ce fragment des *Études de la Vierge :*

> Bref tout cela qu'ont eu de fier, d'avantureux,
> De lascif, de cruel, les femmes du vieil aage,
> La Vierge le sçavoit, et condamnoit, très sage,
> Ce qui pouvoit blesser les vertueuses mœurs,
> Imitoit, en lisant, l'avette cueille-fleurs ;
> Elle brodoit tantost quelque robe de laine,
> Tantost elle filoit la soye Tyrienne,
> Ou bien elle ourdissoit une toile de lin,
> Pour en faire au grand prestre un neigeux surpelin.

Cette époque de transition, où des souvenirs de Rome païenne se mêlent confusément aux épanchements d'un christianisme naissant, est peinte avec un charme naïf. C'est avec un redoublement d'allégresse et comme un débordement de gaieté, que Dadier retrace les fêtes du mariage de la Vierge, et les élans joyeux du vieux Joachim.

> Et mesme quelquefois, oubliant la foiblesse
> Et le morne chagrin de sa blanche vieillesse,
> Il prononce hardiment des mots facétieux,
> Et s'esclate d'un ris modeste et gracieux,
> Puis ses gens sollicite, et hastif leur commande
> De couvrir, pour souper, les tables de viande,

> Ordonne d'apprester les chambres et le lict,
> Et d'espandre par tout le spacieux logis
> Toutes sortes de fleurs et d'herbes odorantes ;
> Outre, il fait revestir les poultres traversantes
> De lyerres espais, les porteaux d'oliviers,
> Et les huis virginaux de verdoians lauriers,
> Fait semer sous les pieds les œillets et les roses
> Et maintes autres fleurs nouvellement décloses
> Qu'Anne pour cet usage avoit expressément
> En son mignard jardin nourries chèrement.

Il faut nous arracher aux molles séductions de cette poésie, pour donner une attention plus soutenue à l'épisode que Dadier a le plus amoureusement décrit, *la Nativité de Jésus* ; à force de candeur et de grâces, le carme breton n'a pas fléchi sous un tel sujet. Voici d'abord, dans la nuit inhospitalière, Marie et Joseph en quête d'un logement :

> Jà dedans le forbourg il estoit parvenu,
> Et le peuple infini de tous costez venu
> Combloit toute la ville, et les hostelleries
> Estoient d'hostes nouveaux espaissement remplies :
> Si que tous les logis d'un bruit estourdissant
> Et d'un confus murmure alloient retentissant…
> Le peuple, à grands monceaux, durant la nuict obscure,
> Soubs les porches ouverts se couchoit sur la dure,
> Et le vague[1] estranger ne trouvoit plus de lieu
> Pour se mettre à couvert…

Repoussés de porte en porte, ils se réfugient sous un pauvre hangar ; Joseph accommode le gîte de son mieux.

> Puis de dessus le dos de l'asne paresseux
> Promptement il apporte un souper disetteux,
> Un vase, un peu de pain, des figues savoureuses,
> Des noix, des raisins secs, des gousses douceureuses,
> Quelque peu de fourmage, et quelque peu de fruict.

Bientôt le patriarche se couche,
>Se couvre d'un drap chaud, s'endort profondément,
>Et la grotte mugit de son haut ronflement.

Cependant Marie a enfanté (j'omets à regret tout un passage d'une crudité naïve), elle s'extasie devant le divin *bambino*, et, tandis que la crèche s'illumine,
>Elle se sent légère, et disposte et joyeuse,
>Lève son petit Dieu, l'enveloppe, soigneuse,
>De blancs drapeaux de linge, et, fauste de berceau,
>Dans la crèche le met, sur un petit faisceau
>De foin sec ramassé sous les fumantes bouches
>De leurs deux animaux qui n'estoient point farouches,
>Ains, soufflant un tiède air sur le divin enfant,
>Pitoyables alloient ses membres réchauffant.

On ne saurait trop louer Dadier d'avoir conservé à cette scène une simplicité, une familiarité, qui la font paraître plus sublime ; comme l'Évangile même, comme les peintres primitifs, il arrive, par les moyens les plus humbles, à une douce et saine émotion.

Je passe sur les autres faits de la vie de la Vierge, car il me paraît surtout intéressant de citer les vers où Dadier parle de l'ordre des Carmes, le sien, de sa priorité et de sa suprématie sur les autres ordres religieux. Par un ingénieux détour, il fait dire au vieux Siméon, saluant la venue de Marie au temple, le jour de la *Purification :*
>… Le Carme sur son faiste
>Un ample et digne honneur longtemps y a t'appreste,
>Et dans ses autres coys te nourrit saintement
>Des fils qui, revestus d'un blanc habillement,
>Tesmoignent la candeur de ton âme très pure…

> Iceux par grand amour d'un éternel bien
> Le sacré nom du mont joindront avec le tien.
> Une saison viendra que les troupes fidelles,
> En mémoire de toy, d'hosties solennelles
> À ce jour couvriront tes autels parfumez,
> Et devots porteront des cierges allumez
> Cheminans d'un long ordre, et d'une alleure grave ;
> Et le prestre, vestu d'un manteau riche et brave,
> Entonnera mes vers d'un accent gracieux,
> Et devot, remplira le temple spacieux
> Des odeurs de l'encens dont la vapeur montée
> Par les postes de l'air bien loin sera portée…

Dans une description du mont Carmel, sorte de hors-d'œuvre qu'il intercale dans son poème, Dadier reprend ce thème de la glorification de son ordre, « Mont saint par excellence, s'écrie-t-il, qui, comme une vigne féconde, »

> De ses heureux rameaux a remply tout le monde :
> Le silence éternel des Chartreux vient de là,
> De là plusieurs brebis sainct Benoist appela ;
> De là les mendians qui le bourgeois d'Assise
> Tiennent pour leur autheur, ont la manière apprise
> De se chausser de bois, et d'un cordon chanvreux
> Durement resserrer leur habit plantureux ;
> De là vindrent aussi les hermites austères
> Qui jadis habitoient les déserts solitaires ;
> Et ce lieu sainct encor l'origine donna
> À ces doctes trescheurs que d'Espagne amena
> Le grand sainct Dominic…

Jusque dans cette énumération, dans ce défilé de moines, des traits images, des expressions neuves et hardies font songer à la brillante et sonore école de Ronsard. Dadier est un vrai disciple, un peu attardé, du chef de la Pléiade ; il a les défauts de goût et de mesure de Ronsard, il appelle les anges, *bourgeois du Paradis*, les hommes, des *terre-nez*, le soleil, le *perruqué Titan* ; mais il retrouve, par maintes échappées, la grâce et le charme. Veut-il peindre une âme en peine, il la compare à un oiseau :

> Comme la tourterelle, après que par la mort
> Chétive, elle a perdu son bien aymé consort,
> Vole parmy les champs, seulette et vagabonde,
> Des ruisseaux cristallins n'osant plus boire l'onde
> De crainte qu'y ayant le pourtraict aperceu
> De son deffunt amant, son dueil ne soit accreu
> Et tousiours va gémir ses lamentables pertes
> Dessus les rameaux secs, non sur les branches vertes.

S'agit-il d'exprimer la consolation de la Vierge devant son fils ressuscité, Dadier évoque les fleurs qu'une pluie bienfaisante a rafraîchies, revivifiées.

> Comme quand de Phœbus les chaleurs violentes
> De la plaineront flestry les herbes verdoyantes,
> Si quelque vent nouveau fait du Ciel tost après
> Tomber l'humide pluye au giron de Cérès,
> Soudain la vigueur rentre en l'herbe printanière,
> Et les champs sont remis en leur beauté première,
> Les narcisses fleuris vont leurs testes haussans,
> Le Delphique laurier donne un ris brandissant,
> Et par les vagues champs les Napées mignardes
> Réveillent le plaisir de leurs danses gaillardes.

Un seul vers, sobre et précis, donnera l'idée de l'intervention d'un sage dans une réunion tumultueuse :

> Comme l'eau répandue éteint la chaulx fumeuse…

Elle est représentée au vif, d'ailleurs, cette tapageuse assemblée :

> Un murmure confus, une sourde cririe
> Va bruiant çà et là par chaque galerie ;
> Partout on s'entrepresse et de pieds et de mains
> Et de poitrine encor, comme quand les Romains

> Estoient tous amassez au théâtre publique,
> Pour voir le passe-temps de quelque jeu tragique.

L'harmonie imitative a été cherchée et rendue dans les deux vers suivants ; on dirait qu'ils s'enlèvent à grand-peine et d'un souffle haletant, comme ceux que La Fontaine a mis au début de sa fable, *le Coche et la Mouche* :

> Car comme un charriot plus d'ahan va souffrant,
> Dessous la pesanteur de quelque fardeau grand…

Des vers détachés, de courts fragments d'une aussi heureuse venue, ne sont pas rares dans la *Parthenice Mariane* ; j'aurais pu multiplier les exemples ; mais il est plus malaisé d'y trouver un morceau de quelque étendue, d'un ton soutenu, digne enfin d'une *Anthologie* ; je me suis arrêté à ce tableau de la nature, se parant de toutes ses séductions pour, saluer la Vierge, qui va visiter sa cousine Élisabeth :

> … La terre verdoyante
> De joye tressaillit sous sa pudique plante,
> Et retinst longuement dessus son dos pressé
> De ses pieds diligens le vestige trassé.
> Toute la région admira de sa face
> La pudeur, la beauté, la nonpareille grâce ;
> Les campagnes rioient, les Nymphes forestières
> Peignirent le printemps de leurs vertes crinières,
> La terre fleurit toute, et les champs amoureux
> Semoient la violette et les lys odoreux ;
> Des ruisseaux fontainiers l'onde clairement pure
> Çà et là se rouloit avec un doux murmure ;
> Les couteaux d'Assyrie alloient leur dos haussant,
> Et l'orgueilleux Thabor son coupeau fléchissant
> Par humble reverence ; et Carmel de sa cime
> Sa dame apercevant, courba son chef sublime ;
> Un gracieux zephir reploit doucement

> Les pins et les ciprès alternativement ;
> Voletant à l'entour de la face pourprée
> Et du col et du sein de la Vierge sacrée,
> Cérès montroit son dos de richesses couvert
> Et le ciel balayé rioit d'un front ouvert.

Je laisse à de plus savants, à des critiques de profession, le soin de censurer ces vers, assurément peu classiques ; j'aime, quant à moi, leur charme sans apprêt et leur simplicité gracieuse, heureux d'avoir retrouvé une fois de plus, en Bretagne, les vestiges de cette école de Ronsard, que je n'étudie jamais — comme Montaigne, Terence — « sans y treuver quelque beaulté et grâce nouvelle. »

Cette notice était terminée, quand M. le baron de Wismes a bien voulu me communiquer un rarissime volume breton : *Les Devis du catholique et du politique...*, de Frère Le Bossu. (Nantes, Nicolas des Marestz et François Faverye, 1589.) En tête du troisième devis, est un sonnet adressé à *M. nostre Maistre Le Bossu* (*sic*), par F.-N. Dadier, carme. Ce sonnet, qui est, sans aucun doute, l'œuvre de l'auteur de la *Parthenice Mariane,* est écrit avec vigueur et fermeté. Le voici :

> T'oyant, mon Le Bossu, d'une attentive oreille,
> Dans le Temple prescher nos fidelles Nantois,
> J'admire ta doctrine et ta diserte voix,
> Et ton zèle, et ta grâce à nulle autre pareille.
>
> Mais ton sacré livret me ravit de merveille,
> Dont le discours a tant d'efficace et de poids,
> Pour nous faire abhorrer un tas de meschans Rois,
> Qu'il faut que nuict et jour à te lire je veille.
>
> Vous qui oubliez Dieu et perdez vostre foy,

> En suivans le party d'un infidelle Roy,
> Lisez ce beau livret, malheureux Politiques,
>
> Et quittant vostre fausse et vaine opinion,
> Embrassez, je vous pry, nostre saincte Union,
> Sans plus ainsy vous perdre avec les hérétiques.

Cette pièce nous peint Dadier ligueur résolu ; mais je veux croire qu'il ne le fut jamais que sur le papier, et qu'il fit franchement sa paix avec l'*infidelle Roy*.

Olivier de Gourcuff.

BAUDEVILLE

(DATES INCONNUES)

Je ne connais que deux ouvrages dramatiques, en vers écrits au XVIIe siècle par des Bretons, la *Zoanthropie*, de François Auffray, et la *Légende de saint Armel*, de Messire Baudeville. Nous manquons absolument de détails biographiques sur ce dernier personnage : il était, savons-nous seulement, prêtre et maître d'école en la ville de Ploërmel ; il eut l'idée de mettre en vers français la vie merveilleuse du patron de cette ville, et, le 16 août 1600, fit réciter par ses élèves cette légende dramatisée. M. Ropartz a bien mérité des lettres bretonnes en faisant imprimer, pour la première fois, en 1855, l'œuvre de Baudeville, qui a été jouée en Bretagne jusqu'au début de la Révolution ; mais, quel que fût le soin qu'il a apporté à la revision, à la comparaison des manuscrits, il n'a pu se flatter de nous donner le texte même de Baudeville. Les copies que M. Ropartz a pris la peine de lire sont hérissées de fautes ; elles offrent les disparates les plus choquantes, un mélange d'archaïsme et de platitude moderne. Malgré les efforts, souvent heureux, de l'éditeur pour séparer le bon grain de l'ivraie, il est impossible de se prononcer sur la valeur littéraire de l'œuvre ; mais, au point de vue historique et à celui de la composition, cette œuvre reste intéressante. Nous nous trouvons parfois en présence d'un mystère du moyen âge, avec des apparitions d'anges et des échappées sur l'enfer ; parfois aussi, une scène pleine de vie et de réalisme, un contraste énergiquement indiqué, font songer au drame de Shakspeare. Les gueux, les matelots, les paysans, le bourreau et ses aides, les gens d'armes et les chevaliers forment une galerie curieuse, un tableau animé de la société française et bretonne, à la fin du XVIe siècle ; un passage que M. Ropartz a connu trop tard, et qui n'a pas pris place dans son livre, fait, avec un cynisme qui commente les excès de la Ligue, l'apologie du meurtre accompli par ordre divin. Toutes ces causes, et le caractère breton de l'œuvre, sa topographie, si je puis ainsi parler, m'ont engagé à en présenter une analyse succincte, accompagnée d'extraits qui la feront apprécier.

Après un prologue qui recommande à l'attention du public breton ce sujet d'intérêt tout local, nous voyons

Armel, dans son manoir d'Angleterre, répandant ses bienfaits sur les pauvres du pays ; parmi ces mendiants, il y a de sinistres drôles, des gueux comme ceux que Callot excelle à crayonner : un fragment de dialogue entre trois de ces aimables compères à qui Armel vient de faire l'aumône, donnera l'idée de ces mœurs de bas étage que Baudeville se complaît à dépeindre :

PREMIER GUEUX.
Allons boire d'abord chaque un coup d'eau-de-vie,
Ensuite au cabaret.

DEUXIÈME GUEUX.
Combien t'a-t-il jeté ?
Avant que nous sortions, je veux qu'il soit compté.

TROISIÈME GUEUX.
Tu n'auras pour cela nul besoin de me battre,
Va, j'ai trente-trois sols.

DEUXIÈME GUEUX.
Combien de deniers ?

TROISIÈME GUEUX.
Quatre.

PREMIER GUEUX.
C'est, je crois, à chacun, onze sols, un denier.

DEUXIÈME GUEUX.
J'aurai le quatrième, ayant parlé premier.

PREMIER GUEUX.
Tu pourrais bien plutôt avoir dessus l'oreille.
J'aurai mon tiers, ou bien je prendrai la bouteille.

DEUXIÈME GUEUX.
Par le ventre saint-gris ! non, tu ne l'auras pas.

PREMIER GUEUX.
Je te ferai sentir la force de mon bras.

DEUXIÈME GUEUX.

Zeste !

PREMIER GUEUX.
Tu veux savoir combien ma poigne pèse.

TROISIÈME GUEUX.
Assommez-vous, marauds ! bon jeu, dont je suis aise.

On devine le dénouement : le troisième larron emporte l'argent pendant que les deux autres se battent. — Cependant Armel, semblable à saint Fiacre qui quitta « la seigneurie d'Ybernie » pour se faire ermite en Beauce, se résout à abandonner parents et amis pour aller porter l'Évangile dans la Bretagne encore idolâtre. Il s'embarque avec deux fidèles disciples qui ont grand peur du mal de mer ; pendant la traversée, les matelots *Tranchemarée* et *Tournevent* entonnent une chanson de bord, assez semblable à celle que Shakspeare intercala dans *la Tempête*, pour plaire à la populace de Londres.

> Approchez-vous, mesdames,
> Ne craignez pas les eaux,
> Pour éteindre vos flammes
> Entrez dans vos vaisseaux.
>   Pour bien aimer
> Faut être homme de mer.
>   Les matelots
> Aiment au sein des flots

Une tempête furieuse, moins plaisamment décrite que celle de *Pantagruel*, est miraculeusement apaisée par l'intercession de saint Michel. Nous voici sur la côte bretonne, au port de Penohen ; puis à la cour du Duc, qui se renseigne sur les intentions d'Armel ; puis nous passons, avec une rapidité vertigineuse, à la cour du roi de France, Childebert, qui dépêche son messager Verdelet pour lui amener un sage et pieux conseiller sur qui il puisse se reposer de ses affaires spirituelles et temporelles.

La *quatrième journée* est des plus touffues et des plus curieuses ; la scène représente, d'un côté, une petite chapelle où entrent Armel et ses disciples, de l'autre, un temple païen et une villa romaine. Un entretien fort vif s'engage entre deux couples d'amoureux qui sortent du temple.

> Nous sommes en humeur de prendre du plaisir,

dit l'un des galants, et l'autre reproche à ses compagnes « d'avoir un peu trop de *sérosité*. » Armel, qui survient avec ses disciples, fait un petit cours de morale, assez mal accueilli par la demoiselle Pégasis qui lui répond :

> Bon pour en faire accroire à de petits garçons,
> Qui se laisseraient prendre en guise de poissons ;
> Pour moi, je veux danser, attendant l'aventure
> Que prédit, dites-vous, votre saincte Ecriture ;
> Nous nous divertirons, malgré vous et vos dents.
> Allez vous promener avec vos deux pédants.

Le pauvre saint bat en retraite, poursuivi par des quolibets de foire : *Adieu, Gaultier ! Adieu, Gilles ! Adieu, Guillaume !* Quand il est parti, les plaisanteries continuent, plus salées encore ; on danse, on boit, on rit.

> Hippocrate, à mon sens, n'étoit qu'un assassin,
> Vive le seul Bacchus, c'est le vrai médecin !
> Je vous jure, et, ma foi, vous n'avez qu'à me croire,
> Qu'un pot de vin vaut mieux qu'un tonneau d'eau de Loire.

Mais un châtiment terrible frappe bientôt ces débauchés : atteints de la lèpre, méconnaissables, ils se traînent aux pieds d'Armel, qui leur fait abjurer leurs erreurs, les baptise et les guérit ; animés du saint zèle de Polyeucte, les néophytes ne veulent-ils pas maintenant briser les images de leurs anciens dieux.

> Que je puisse raser le temple de Diane !
> Il fait beau voir un temple à cette courtisane !

Le saint est obligé de jouer près d'eux le rôle modérateur de Néarque. Après cet épisode de haut goût, voici que paraît le courrier du roi de France, qui a mis la main sur le sage réclamé par son maître. Armel, que la voix publique a désigné, résiste et ne cède qu'à une seconde et plus pressante injonction. Devenu conseiller du roi de France, il le dissuade de lever de nouveaux impôts et se fait des ennemis acharnés de deux courtisans dont il démasque la cupidité ; nous trouvons, un peu après, ces deux maltôtiers complotant de l'empoisonner. — Pour faire diversion à ces idées sinistres, le naïf auteur met en scène un *tors* et un aveugle qui viennent d'être guéris de leurs infirmités par Armel ; le tors médite d'aller retrouver sa femme, mais l'aveugle l'engage à n'en rien faire :

> Dis plutôt qu'on ne peut, sans être en rêverie,
> S'affliger quand on vient à perdre une furie,
> Qui n'est pas, le matin, plus tôt en cotillon,
> Qu'elle commence à faire un triple carillon !

Cet intermède, plaisant écho des fabliaux du moyen âge, des contes du XVIe siècle, est suivi d'une apparition de l'ange Raphaël qui prescrit à Armel de retourner en Bretagne, pour délivrer les habitants d'un monstre qui ravage le pays ; par ce départ le saint évitera aussi les embûches qu'on lui prépare. Armel obéit et quitte la France, malgré les prières instantes du roi.

Les trivialités abondent dans la *journée* suivante ; le complot des deux maltôtiers a été éventé, ils sont saisis et condamnés au dernier supplice. Voici un échantillon de l'atticisme du valet du bourreau

maître Clément :
> J'ai, ma foi, grand besoin d'une bonne pratique,
> Je ne gagne plus rien, j'en suis tout fantastique,
> Je m'en vais dérouiller un peu mes grands couteaux ;

et du même, cette apostrophe au peuple, en lui montrant la tête qu'il vient de trancher :
> Adroitement, je l'ai, voyez-vous, tronçonnée.
> J'en couperois, ma foi, cent dans une journée.

Ne croit-on pas entendre Jack Cade, dans *Henri VI* de Shakspeare, félicitant Dick, le boucher d'Ashford, de s'être comporté, à la bataille de Blackheath, « comme dans son abattoir ! » Baudeville a mis le comble à l'horreur en imaginant une querelle entre le bourreau et ses aides, qui se disputent les hardes des courtisans décapités.

Le drame ne fait qu'un bond en Bretagne. Aux Boschaux, près de Rennes, un serpent monstrueux est établi, il dévore bêtes et gens ; sous nos yeux, il engloutit un paysan, il décime une troupe de chevaliers qui l'attaque à grands coups de lances et de *sabres de Damas*, sous la conduite même du duc de Bretagne. Il faut noter au passage le type complaisamment tracé du *chevalier lâche*, qui court sus à la bête à son corps défendant allègue la maladie, et finit par dire :

> Je me tiendrai toujours dedans l'arrière-garde,
> Car je n'ai point envie encore de mourir.

C'est à Armel qu'il est réservé de triompher du monstre, « de la guivre, » qui, on le devine, symbolise le paganisme encore debout en Bretagne. Il s'y prend d'une façon bien simple, et qui supposait un grand fond de crédulité chez les auditeurs : il passe son étole au coup du serpent, et lui commande, avec des termes d'exorcisme, de se précipiter dans les eaux de la Seiche. Après cet exploit qui lui concilie la faveur populaire, Armel retourne à Penohen ; Guibourg, châtelain des environs, plein d'admiration pour le saint, veut que sa terre soit désormais, et pour toujours, appelée Plo-Armel. Cependant la nuit est venue, un ange vient annoncer à Armel que sa mort est proche ; le vertueux personnage expire entre les bras de Guibourg et de ses disciples, demandant qu'on l'enterre

> Où les deux bœufs, traînant son corps, voudront rester.

J'ai cherché en vain, dans cette dernière scène, les deux vers, presque grotesques, cités par M. de Kerdanet[2] ; il est à croire qu'ils figuraient dans une copie fautive, et que M. Ropartz les aura supprimés.

Il y a, certes, de l'intérêt et de la variété dans le drame de Baudeville ; mais le style est presque partout lâche, diffus, sans relief ; j'ai cité, au cours de l'analyse, quelques vers d'une heureuse venue ; voici encore un fragment du discours d'Armel au roi de France, pour le dissuader de lever des impôts :

> Sire, tous ces impôts, ces sortes de gabelles,
> Sont des inventions diaboliques, cruelles ;
> Gardez-vous de donner dans telle exaction…
> Vos provinces ne sont du tout point soulevées,
> Pourquoi donc les punir par de telles levées ?
> Sire, bien loin de faire un coup si désastreux,
> Songez à soulager plutôt les malheureux.
> Ce n'est pas être roi, mais un simple régent,
> Que d'amasser ainsi, sans besoin, de l'argent.
> Pensez y bien : les Rois, au jour du jugement,
> Rendront compte des biens ravis injustement.
> Vous n'avez pas besoin, Sire, de ces gabelles,
> Sinon pour engraisser des sangsues trop cruelles…

Malheureusement cette diction si nette, si précise, ne peut appartenir à l'époque de Baudeville, où la langue était à peine formée, où le théâtre français surtout bégayait ses premiers essais ; il y a eu, tout au moins, revision d'un copiste habile ; d'autre part, Baudeville peut être innocent de bien des platitudes qui sentent l'école de Malherbe et de Boileau.

L'œuvre a dû garder sa contexture ancienne : l'enchaînement des scènes, le merveilleux naïf, le mépris des trois unités, sont bien du XVIe siècle ; mais, à être si souvent transcrire, à subir tant de remaniements, la langue primitive s'en est allée ; c'est comme une monnaie qui a passé par bien des mains, et dont l'effigie est presque effacée.

FRANÇOIS AUFFRAY

(…–1652)

O N ignore la date exacte de la naissance de François Auffray, ce disciple breton de Ronsard. Notre poète naquit, à la fin du XVIe siècle, dans le diocèse de Saint-Brieuc, probablement en la paroisse de Pluduno, berceau de sa famille. Il composa deux ouvrages, une *tragi-comédie* (*la Zoanthropie ou vie de l'homme*) qui fut représentée et imprimée à Paris, en 1614, et un recueil d'*Hymnes et Cantigues*, qui parut à Saint-Brieuc, en 1625. Auffray entra de bonne heure dans les ordres sacrés : dès 1624, il était recteur de la paroisse de Pluduno ; en 1628, il devint trésorier du chapitre de la cathédrale de Saint-Brieuc ; il mourut en cette ville, le 12 novembre 1652.

La critique ancienne et moderne s'est montrée envers Auffray d'une rigueur excessive et peu motivée. Colletet, si indulgent pourtant pour l'école de Ronsard, l'abbé Goujet, les auteurs des *Biographies*, plus récemment M. S. Ropartz (*Études sur quelques ouvrages rares écrits par des Bretons au XVIIe siècle*) n'ont mentionné la *Zoanthropie* que pour l'accabler de leurs dédains ; quant aux *Hymnes et Cantiques*, ils ont été plongés dans une obscurité profonde jusqu'au jour où M. Ropartz les en a tirés pour les exécuter sommairement. Auffray a été systématiquement écarté de ce tribunal d'aristarques qui a redressé et réhabilité les renommées poétiques de ses plus humbles contemporains.

Peu de lectures sont, il faut bien l'avouer, aussi ardues que celle de la *Zoanthropie ;* un sujet, le moins scénique de tous les sujets, paraphrasant jusqu'à la satiété la maxime célèbre, *Connais-toi toi-même*, de pures abstractions, affublées de noms grecs, mises à la place des personnages, aucune action, des tirades interminables, un style barbare, hérissé de mots pompeux ou vulgaires, pouvaient bien faire perdre patience aux lecteurs de la pièce et provoquer leurs sévérités. Ce n'est que dans les détails qu'Auffray retrouve quelques avantages ; il est quelquefois gracieux, comme dans ce portrait d'une jeune fille :

… Divine Vénus,
Oriant de ma joye, aurore sadinette,
Les lys vont blanchissant sur sa joue tendrette,
Et le corail se rit sur ses lèvres d'où sort
Si douce suavité, qu'elle est douce à la mort.

Il ne manque ni d'esprit ni de verve en esquissant cette silhouette d'un *Chicaneau* de son temps :

> Comme il est fagotté !...
> Palle, have, deffait, squelette, ombre des morts !
> Il brouille, fouille, effraye, erre, tourne et tracasse,
> Comme un vray loup-garou, tousiours de place en place,
> Jour et nuit lutinant, remuant, feuilletant
> Griefs dessus griefs, contredits ; confrontant,
> Il intime, il adjourne, il tesmoigne, il appelle,
> Il chicane tousiours procédure nouvelle ;
> Et, pour rendre un procez de civil criminel,
> Il le peut, et le fait, s'il le veut, éternel.

Mais ces deux passages, et quelques autres — huit ou dix, tout bien compté — sont de trop rares lueurs qui illuminent cette fresque grise et confuse, la *Zoanthropie* ; presque partout ce n'est que du mauvais Ronsard ou du pire Du Bartas ; seul, l'examen de la pauvreté de notre théâtre, à l'époque où fut jouée la pièce d'Auffray, peut concilier quelque indulgence à l'auteur et rendre moins ridicules les éloges hyperboliques de ses amis bretons, les Guillaume Lucas, les de Lanjamet et les de la Ville-Geosse.

Les *Hymnes et Cantiques*, publiés en 1625 à Saint-Brieuc, ont une bien autre valeur que la *Zoanthropie* ; ce recueil, qui parut à l'instigation d'un prélat ami des lettres et des arts, Mgr Le Porc de la Porte, comprend des hymnes traduites du Bréviaire romain, d'autres hymnes plus modernes, quelques cantiques de rythmes variés, deux *élégies* sur les tourments de l'enfer, des sentences morales en quatrains imitées de saint Grégoire de Nazianze ou appartenant en propre à notre poète. Les *Hymnes* traduites du Bréviaire sont la partie la plus faible du volume ; quelques traits de l'*Oraison de Jérémie* se détachent sur ce fond incolore :

> Comme les bœufs au joug, nos cols dans les cadaines,
>   Dispos ou indispos,
> Bon gré ou malgré nous, en tressuant de peines,
> Il falloit labourer les infertiles plaines,
> Et nos travaux estoient sans trêve ni repos.
>
> Deplorables captifs, la faim a peu contraindre
>   Les bourgeois de Sion
> De se vendre en Égypte, et de s'en aller pleindre
> Aux vains Assyriens, afin de les astreindre
> À nous donner l'aumosne, avec compassion.
>
> Comme pauvres forçats esclaves des gallères,
>   Du soir au lendemain,
> Estans bien harassez soubs le faix des misères,
> On donnoit à chascun pour ses amples salaires,
> Quelquefois, non tousiours, un noir morceau de pain !

M. Ropartz a cité quelques vers des hymnes des propres de saint Brieuc et de saint Guillaume, deux saints vénérés en Bretagne ; mais il n'y a rien dans ces pièces qui s'élève au-dessus du médiocre. Le lecteur qui feuillette patiemment les *Hymnes et Cantiques*, est enfin dédommagé de sa peine, quand il arrive aux pièces de l'*invention* d'Auffray ; c'est ainsi que l'auteur a désigné les poésies qu'il a composées sans le secours d'aucun modèle et, qui, par un singulier privilége, l'emportent de beaucoup sur ses traductions.

Un dialogue ingénieux, mais d'une subtilité fatigante : *Du corps et de l'âme au départ l'un de l'autre*, un beau cantique : *Qu'il ne faut se fier au siècle*, les élégies et les quatrains que j'ai mentionnés, composent à peu près tout l'apport personnel d'Auffray au recueil des *Hymnes* ; mais c'en est assez pour rehausser le poète, au double point de vue de la pensée et de l'expression. Voici, presque en entier, le cantique, écrit en dizains ; il ne pâlit pas trop à côté de deux chefs-d'œuvre du même rythme, le cantique de Racine, *Sur les vaines occupations des gens du siècle,* et l'ode de J.-B. Rousseau, *Que rien ne peut troubler la tranquillité de ceux qui s'assurent en Dieu.*

> Mortels ! vous fiez-vous au monde ?
> Estimez-vous ses vanitez,
> Ses pompes, sa pourpre féconde,
> Et ses triumphes méditez ?
> Toutes ces grandes renommées
> Assurément vont en fumées,
> Et se dissipent dedans l'air ;
> Et toutes ces vaines puissances,
> Qu'idolâtrent vos espérances,
> Sont sornettes, à bien parler.
>
> Comme les despouilles légères
> Des bois volez des Aquillons,
> Feignent des guerres mensongères
> Dans le milieu des tourbillons ;
> Ainsi d'une course fuyarde
> Un plaisir se perd, se hazarde,
> Et s'enfuit comme un songe aillé ;
> Ainsi le prix de nostre attente
> En s'envolant nous mescontente,
> Et n'est rien, s'en étant allé.
>
> Comme les lys, les violettes,
> Soudain flestries du soleil,
> Comme les pensées fluettes,
> Les roses et l'œillet vermeil,

Qui ne durent qu'une journée ;
Comme l'herbe aussitost fanée
Que tombée d'un coup de faux ;
Ainsi va la gloire du monde,
Qui s'enfuit soudain comme l'onde,
Et se flestrit soubs les travaux.

Fiez-vous plustot aux nuages,
Autant inconstans que légers ;
Fiez-vous plustot aux orages,
Aux vents, aux fleuves passagers ;
Ains fiez-vous aux arondelles,
Plustot qu'aux pompes infidelles,
Ny qu'aux fresles charnalitez ;
Avalez les eaux de Berose,
Plustot, pour mortifere dose,
Que l'amer amour des beautez.

Fiez-vous aux dents ravissantes
Des lyons les plus affamez,
Ains aux harpies frémissantes,
Et aux serpens envenimez ;
Fiez-vous plustot aux lamyes,
Qu'à ces promesses ennemyes
Que le siècle, en vous decevant,
Vous fait en tout tems, à toute heure ;
Car l'esperance vous demeure,
Et ne vous repaist que de vent.

Insensé qui fourbis des armes,
Et te fais un habit de fer,
Te précipitant aux allarmes
Pour combattre et pour triumpher,
Quand elles seroient le chef-d'œuvre
De Vulcain, le divin manœuvre,
De Bronthe et du nud Piragmon,
La mort qui te suit et traverse
Toutes les armes outreperce

Et t'entame cœur et poulmon.

Où sont tous ces foudres de guerre,
Saül, Abner et Jonathas ?
Où ces lumières de la terre,
David, Nathan, Ezechias ?
Tous, du faiste de leur puissance,
Dans la mortelle décadence
Sont tombés par sévérité ;
Cæsars, Souldans et Alexandres,
Il ne nous reste de leurs cendres
Que le renom d'avoir esté.

On a peine à reconnaître dans ces strophes élégantes et fières le poète prétentieusement grotesque de la *Zoanthropie* ; on le reconnaît aussi peu dans cette grandiose et sinistre peinture des tourments qu'endurent les damnés aux enfers (ceci est extrait de la première *élégie*) :

Mais voyez aux enfers quelle est la boucherie,
Quel carnage sanglant des esprits infernaux,
Quel grand fleuve de sang ondoye en ces canaux,
Quels cris, quelles clameurs, quel sac, quelle tûrie !

Je hérisse d'effroy quand j'œillade leurs formes,
Plus laides mille fois que la mesme laideur ;
Ainsi qu'un fin Prothée ils changent de grandeur,
De couleur, de posture, et de façons énormes.

Cerbère à triple chef, Python, l'Hydre, Gorgone,
La Chimère, le Sphynx n'estoient si monstrueux,
Et les fables n'ont feint rien si défectueux
Que sont tous ces esprits dont l'Orque noir foisonne.

Arrière les brandons des folles Euménides,
Les travaux d'Ixion, Siziphe et son rocher ;
Non, non, vous ne sçauriez que de loing approcher
Des démons infernaux les cruautez avides.

> La mort, les cris, les pleurs, la discorde, la rage,
> Les sanglots, la fureur, le meurtre et le baffroy
> Mettent à qui mieux mieux ce peuple en désarroy,
> Et en font à tous coups un furieux carnage.
>
> Icy corps mutilez, delà testes fendües,
> Icy les ulcerez, delà les gangrenez,
> Et partout mille morts font mourir les damnez,
> Et revivre en la mort leurs ames esperdues.
>
> Vous avez veu, mes yeux, ces perdus pleins de peste,
> Pleins de chancres baveux, de vermine et de pus,
> Pleins de roigne en leurs corps, pourris, tronquez, rompus,
> Corps pleins de mille maux et d'accidens funestes.
>
> Encor vous avez veu les crappaux, les vipères,
> Les *sours*, les basilics, les aspics, les dragons,
> Les couleuvreaux retors de mille lestrigons,
> Au sein de ces perdus establir leurs repères…

Il court dans ces vers, que personne ne s'est avisé de remarquer, un souffle de vraie poésie, et ce n'est pas le sujet seul qui évoque le grand nom de Dante. On pourrait faire d'heureux emprunts aux quatrains qui terminent le volume ; si les anciens auteurs en ont souvent fourni l'idée, Auffray les a enrichis de traits qui, sous la critique ingénieuse de l'ajustement et du maintien, visent et atteignent l'homme même. Pibrac, le maître du genre, n'a rien de supérieur à ces *Conseils aux jeunes filles*, vraiment dignes d'une anthologie :

> Fille, je t'accompare à la candeur du lys,
> Beau, bien fait, odorant ; telle aussi tu dois estre
> Belle, cointe, jolie........
> Ne frise, ne rostis, ne poudre tes cheveux,

> Et ne porte dessus que bien peu de parure.
> Il n'y a rien si beau que la mesme nature,
> L'artifice auprès d'elle est un singe hideux.
> Ne montre ton beau sein, vray throsne de pudeur ;
> Comme les papillons se bruslent aux chandelles,
> On bruslera, voyant ces raretez si belles ;
> Mais s'il est laid, pourquoi monstres-tu ta laideur ?
> Oste moy tous ces fards qui gastent ton beau teint,
> Ce villain vermeillon, la pommade, céruse ;
> Le talc, le blanc d'Espagne, ô filles, vous abuse.
> Le beau teint est celuy qui n'est fardé, ni feint.
> Use d'un doux parler au plus humble ou testu,
> Et qu'on voye toujours la pudeur virginale
> S'esgayer sur ton front, comme une rose palle,
> Car elle est l'ornement des filles de vertu.
> Marche modestement quand tu es en chemin,
> Sans, trop libre, hausser soubs le masque ta veue ;
> Ces regards egarez, afin d'estre cogneüe,
> Tournent le plus souvent à tres mauvaise fin.
> Ne danse point du tout, ou danse rarement,
> Car ce folastre ébat rend mille âmes captives ;
> Ces bonds et ces élans sont choses si lascives,
> Qu'elles virent[3] d'un saut le plus fort jugement.
> Garde toy du caquet à l'office divin ;
> Dieu chasse de chez luy toute cajollerie,
> Ne l'y rameine pas, crainte de sa furie :
> Celles qui faschent Dieu feront mauvaise fin.

Les trois citations qui précèdent permettent déjà de réviser l'arrêt sévère infligé par Colletet et M. Ropartz à François Auffray ; à ceux qui voudront mieux connaître le poète, le disciple de Ronsard, nous indiquerons une étude approfondie, qui a paru dans une précédente publication de la Société des Bibliophiles Bretons[4].

OLIVIER DE GOURCUFF

ANNE DE ROHAN

A NNE de Rohan naquit au château de Blain (1584) de René II de Rohan et de Catherine de Parthenay, elle eut pour frère le fameux capitaine Henri II, celui que Henri de Navarre considérait comme son successeur. La sœur aînée d'Anne fut cette Catherine de Rohan, connue pour sa fière réponse aux galanteries de Henri IV : « Je suis trop pauvre pour être votre femme, et de trop bonne maison pour être votre maîtresse. »

Toute cette famille était calviniste.

Anne, femme de lettres comme sa mère, était très versée dans l'étude de la langue hébraïque ; on dit qu'elle lisait la Bible et méditait les psaumes écrits dans cette langue.

Elle donna les preuves d'un grand courage au siège de la Rochelle (1627) ; elle et sa mère secondèrent le maire Guiton dans sa défense héroïque, en s'efforçant de ranimer le courage des habitants, et quand la ville, entièrement épuisée de vivres, capitula, Catherine et Anne, ayant refusé de se laisser comprendre dans la capitulation, furent conduites au château de Niort, où on les traita avec toute la rigueur des prisonnières de guerre.

Anne mourut à Paris, le 20 septembre 1646, sans avoir été mariée. Elle avait eu l'honneur d'accompagner la princesse de Navarre, lorsque celle-ci fut épouser le duc de Lorraine.

BIBLIOGRAPHIE POÉTIQUE.

1°*Stances sur la mort de Henri IV*, par Mme Anne de Rohan, Paris, Chevalier, 1616, in-18.

2° Une élégie en l'honneur d'Henriette de Savoie, morte le 8 août 1618.

3° Des vers à l'abbé de Marolles, 1644.

4°*Plaintes de très haute et très illustre princesse Anne de Rohan sur le trépas de Madame de Rohan, sa mère* (Genève, 1632, in-18, de 32 pages), véritable chef-d'œuvre de sentiment.

5° Cinq pièces composées sur la mort de sa sœur Catherine, duchesse des Deux-Ponts, dans un recueil de vers et de prose, publié par La Ferté sous ce titre : *Tombeau de très illustre, très haute et très vertueuse princesse, Catherine de Rohan, duchesse des Deux-Ponts*, à Paris, par Jean Janon, rue du Foin, 1, à l'enseigne de Jonas, 1609, in-4° de 83 pages.

Ce recueil est très rare ; M. Bizeul en possédait un exemplaire.

6° Dix-neuf morceaux de poésie, provenant de la Bibliothèque nationale, 5 autres, tirés du manuscrit trouvé à Bessinge, ont été rassemblés dans un recueil publié à Paris, chez Aubry, en 1852, sous ce titre : *Poésies d'Anne de Rohan et lettres d'Eléonore de Montbazon*. On a découvert à Bessinge, près de Genève, un manuscrit qui porte à 24 les poésies d'Anne et à 6 celles de sa sœur Henriette.

Avant la citation de quelques pièces, il nous semble curieux de faire connaître sur cette femme de lettres les jugements divers de ses contemporains.

Tallemant des Réaux dit, en parlant d'Anne :

« Bonne fille, fort simple, quoyqu'elle sçeut le latin, et que toute sa vie elle eût fait des vers ; à la vérité, ils n'étoient pas les meilleurs du monde. »

D'Aubigné, à propos de la mort de Henri IV, s'exprime ainsi :

« Je laisse parler mieux que moi Anne de Rohan, princesse de Léon, de laquelle l'esprit, tiré entre les délices du ciel, écrit :

Stances sur la mort de Henri IV

Quoi, faut-il que Henri, ce redouté monarque,
Ce dompteur des humains, fût dompté par la Parque !
Que l'œil qui vit sa gloire ores voie sa fin ?
Que le nôtre pour lui incessamment dégoutte ?
Et que si peu de terre enferme dans son sein,
Celui qui méritait de la posséder toute.

Quoi, faut-il qu'à jamais nos joies soient éteintes ?
Que nos chants et nos ris soient convertis en plaintes ?
Qu'au lieu de notre Roi, le deuil règne en ces lieux ?
Que la douleur nous poigne et le regret nous serre ?
Que, sans fin, nos soupirs montent dedans les cieux ?
Que, sans espoir, nos pleurs descendent sur la terre ?

Il le faut, on le doit, et que pouvons-nous rendre,
Que des pleurs assidus à cette auguste cendre ?
Arrosons à jamais son marbre triste et blanc.
Non, non, quittons plustôt ces inutiles armes !
Mais, puisqu'il fut pour nous prodigue de son sang,
Serions-nous bien pour lui avares de nos larmes ?

Quand bien nos yeux seraient convertis en fontaines
Ils ne sauraient noyer la moindre de nos peines ;
On espanche des pleurs pour un simple meschef ;
Un devoir trop commun bien souvent peu s'estime,
Il faut doncques mourir aux pieds de notre chef,
Son tombeau soit l'autel, et son corps la victime.

Mais qui pourrait mourir ? les Parques filandières
Dédaignent de toucher à nos moites paupières ;

Ayant fermé les yeux du prince des guerriers,
Atropos de sa proie est par trop glorieuse,
Elle peut bien changer son cyprès en lauriers,
Puisque de ce vainqueur elle est victorieuse.

Puisqu'il nous faut encore et soupirer et vivre,
Puisque la Parque fuit ceux qui la veulent suivre,
Vivons donc en plaignant notre rigoureux sort,
Notre bonheur perdu, notre joie ravie ;
Lamentons, soupirons et jusques à la mort,
Témoignons qu'en vivant, nous pleurons notre vie.

Plaignons, pleurons sans fin cet esprit admirable,
Ce jugement parfait, cette humeur agréable,
Cet Hercule sans pair, aussi bien que sans peur ;
Tant de perfections, qu'en louant, on soupire,
Qui pouvaient asservir le monde à sa valeur,
Si la rare équité n'eût borné son empire.

Regrettons, soupirons cette sage prudence,
Cette extrême bonté, cette rare vaillance,
Ce cœur qui se pouvait fléchir et non dompter,
Vertus de qui la perte est à nous tant amère,
Et que je puis plutôt admirer que chanter,
Puisqu'à ce grand Achille il faudrait un Homère.

Mais parmi ces vertus par mes vers publiées,
Laissons-nous sa clémence au rang des oubliées,
Qui seulement avait le pardon pour objet ;
Pardon qui rarement au cœur des rois se treuve,
En parle l'ennemi, non le loyal sujet,
En face le récit qui en a fait l'épreuve.

Pourrait-on bien compter le nombre de ses gloires ?
Pourrait-on bien nombrer ses insignes victoires ?
Non, d'un si grand discours le destin est trop haut.
On doit louer sans fin ce qu'on ne peut décrire ;
Il faut, humble, se taire ou parler comme il faut,

Et celui ne dit rien qui ne peut assez dire.

Ce Mars, dont les vertus furent jadis sans nombre
Et que nul n'égalait, est égal à une ombre ;
Le fort a ressenti d'Atropos les efforts,
Le vainqueur est gisant dessous la froide lame,
Et le fer infernal qui lui perça le corps
Fait qu'une âpre douleur nous perce à jamais l'âme.

Jadis pour ses hauts faits nous élevions nos têtes ;
L'ombre de ses lauriers nous gardait des tempêtes ;
La fin de ses combats finissait notre effroi.
Nous nous prisions tout seuls, nous méprisions les autres,
Étant plus glorieux d'être sujets du roi,
Que si les autres rois eussent été les nôtres.

Maintenant notre gloire est à jamais ternie,
Maintenant notre joie est à jamais finie,
Les lys sont attérés, et nous avecques eux ;
Daphné baissa, chétive, en terre son visage,
Et semble par ce geste, humble autant que piteux,
Ou couronner sa tombe, ou bien lui faire hommage.

Sur un portrait de feu la duchesse de Nevers, fait par Mademoiselle de Rohan, sa sœur, 1629

Tout change en un instant
    Comme la lune,
Mais ma douleur pourtant
    Est toujours une !
Rien ne saurait changer
    Mon deuil extrême ;
Rien ne peut l'alléger,
    Que le deuil même.

Vous qui voyez mon sort,
    Et à toute heure
Pleurez pour cette mort
    Que rien ne pleure,
Voyez mes maux certains,
    Et que, sans feinte,
La beauté que je peins
    Soit par vous peinte.
Venez sur ses cheveux
    Des pleurs espandre,
Lamentez ces beaux feux
    Qui sont en cendre,
Pleurez ce teint de lys,
    Sa bouche belle,
Plaignez tous ma Philis,
    Mais moi plus qu'elle.
Donnez à la pitié
    Qui m'environne
Les pleurs qu'à l'amitié
    Sans fin je donne.

Sur le mesme sujet

Quand l'Aurore aux doigts de rose
Pour nous montrer toute chose
    Fait effort,

Lors ma bouche ne respire,
Mon triste cœur ne soupire
    Que la mort.

Quand Phébus, grand œil du monde,
Pour monstrer sa teste blonde,
Du profond cristal de l'onde
    Son chef sort,

De pleurer me vient l'envie,
Je plains ma trop longue vie,
Ma Philis trop tost ravie
      Par la mort.

Quand je cache par contrainte
Mon vray mal, d'une voix feinte,
Et que mon luth et ma plainte
      Sont d'accord,

Lors mes fidèles pensées
Vers Philis sont élancées,
Et mes larmes adressées
      À la mort.

Quand je peins Philis la belle,
À chascun je renouvelle
Combien la Parque cruelle
      M'a fait tort ;

À ma plainte longue et dure,
Mon crayon bat la mesure,
Et mon œil prend la figure
      De la mort.

Cte DE SAINT-JEAN

ALEXANDRE DE RIVIÈRE

(1561-1618)

Le sieur de Rivière n'est pas né en Bretagne, et ce n'est pas un poète original ; quels sont donc ses titres à être compris dans une *Anthologie bretonne* ? D'abord son *Zodiaque Poétique* est une imitation, une paraphrase, bien plutôt qu'une traduction du *Zodiaque* de Marcel Palingene[5] ; et Rivière, en avouant, dans son *Avis au lecteur*, qu'il avait composé son poème « *sur le patron de celui de Palingene*, » avait bien quelque droit, à cause du cachet tout personnel qu'il lui avait imprimé, de l'appeler *sien* ; imiter aussi librement, c'est souvent presque innover. Reste la question du lieu de naissance : Rivière, né à Paris, est mort dans cette ville, en 1618, à l'âge de 57 ans ; dans son épître dédicatoire à Charles de Cossé-Brissac, il nomme Paris *sa patrie*, mais la Bretagne, où il vécut toute sa carrière de magistrat, semble être devenue son pays d'adoption, il en parle à tout propos, il insinue même (à la fin du livre IX) qu'il avait, aux portes de Rennes, sur les bords de la Seiche, une maison de campagne où il passait ses vacances, *son semestre loisir* : n'avons nous pas le droit de revendiquer pour la Bretagne le poète, ou, au moins, le poème qui y a été conçu, qui s'y est développé, qui s'en est inspiré ? Hamilton et le prince de Ligne ont été des Français d'Écosse et de Belgique ; Rivière est un Breton de Paris, il nous appartient.

Le Zodiac (sic) *Poétique ou la Philosophie de la vie humaine* est un poème de quelques milliers de vers, qui parut à Paris, en 1619, un an après la mort de son auteur ; il est dédié « à haut et puissant seigneur Messire Charles de Cossé, comte de Brissac, conseiller du roy en ses conseils d'Estat et privé, chevalier de ses ordres, capitaine de cent hommes d'armes, mareschal et grand panetier de France et lieutenant général pour Sa Majesté en ses pays et duché de Bretagne. » Cette dédicace est écrite dans un style très ampoulé. Rivière félicite Cossé-Brissac « d'avoir assisté fidèlement Sa Majesté en ces troubles et mouvemens qui ont recommencé, depuis l'an 1614, d'affliger ce misérable État et spécialement la Bretagne ; » — il le remercie aussi d'avoir remis la ville de Paris — sa *patrie* — entre les mains de Henri IV. Dans cette même dédicace, Rivière commence à trahir ses sympathies pour Du Bartas, alors à l'apogée de sa renommée ; il parle d'« un certain poète nouveau qui, ayant-voulu reprendre le sieur Du Bartas, l'un des excellens poètes françois de nôtre tems, s'est trouvé luy mesme digne de plus grande reprehension, pour les paradoxes et absurditez dont il a troublé (imitant Du Bartas) sa Semaine de la Création du Monde. » C'est là le premier trait que Rivière décoche contre l'adversaire de Du Bartas, Christofle de Gamon, dont la *Semaine* fut imprimée en 1609 ; nous retrouverons ce livre et cet auteur.

Une série de pièces liminaires, groupées après la dédicace, attestent la haute estime où Rivière était tenu par ses contemporains.

Remarquons surtout une petite pièce latine « *in repentinum authoris obitum,* » par Michel de Rochemaillet, suivie de cette mention : *Obiit Lutetiæ Parisiorum,* 3 nonas

Novemb., an. 1618, ætatis 57. Nous voyons que Rivière, né à Paris, y est mort en 1618 ; remontant de 57 années en arrière, nous avons la date de sa naissance, 1561. C'est à cette indication que se réduirait ce que nous savons de la vie du conseiller au Parlement de Rennes, si M. Pol de Courcy ne nous apprenait, en son *Nobiliaire de Bretagne*[6], qu'un Alexandre de la Rivière, originaire de Paris et bien évidemment le nôtre, était déjà conseiller au Parlement en 1588, et eut une fille, Elisabeth, mariée à Pierre Gouyon, sieur de la Raimbaudière. Quant à l'auteur du *Zodiac Poétique*, ni Brunet, ni Viollet-Le-Duc, ni les biographies générales ou spéciales n'en ont parlé ; le sieur de la Monnerie, qui traduisit, au dernier siècle, le poème de Palingene, croyait n'avoir été précédé dans cette voie que par les imitations partielles de Sainte-Marthe. Il n'a été fait, à ma connaissance, que deux mentions du poème de Rivière : l'abbé Goujet, au tome VII de sa *Bibliothèque Françoise*, dans un chapitre consacré aux traducteurs, exécute sommairement notre pauvre conseiller ; il l'accuse d'employer des expressions obscures et surannées, de violer les règles élémentaires de la versification ; « sa poésie » — conclut-il — « n'est pas même une prose supportable. » C'est franc, mais peu motivé. Le critique dont il me reste à parler est l'auteur de l'article *Manzolli* — *alias* Palingene — dans la *Biographie Michaud* (M. Louis Dubois), dans le dénombrement des essais ou des projets de traduction du poème de Palingene, il se borne à dire : « On en imprima une imitation libre, en vers, du conseiller Rivière, Paris,

1619, in-8º ; » MM. Dézobry et Bachelet (*Dictionnaire de Biographie et d'Histoire*), et Vapereau (*Dictionnaire des littératures*) ont répété la même chose. Quelques lignes maussades, une indication bibliographique, voilà tout ce dont la critique a daigné gratifier Rivière.

Le poème de Rivière est divisé en douze livres, autant qu'il y a de signes du Zodiaque ; chacun de ces livres est précédé de quelques lignes de prose, vagues et peu intelligibles, qui ont la prétention de le résumer. Le livre I, *Le Bélier*, s'ouvre par une invocation à Apollon, père des poètes, immédiatement suivie d'un nouvel et pompeux éloge de Charles de Cossé-Brissac ; Rivière voit dans le seigneur, « *sauveur des lys sacrez,* » qui a livré Paris à Henri IV, le modèle accompli du héros et du sage, et il s'écrie :

> Charles, si le parler d'un Homère j'avois,
> Tu serois mon Achille, ou si Maron j'estois,
> Mon valeureux Énée, et ma veine féconde
> Te porteroit de l'un à l'autre bout du monde ;
> J'envoiroy de Paris au grand Kaire ton nom,
> Sur l'aile d'Aquilon voleroit ton renom,
> Par les peuples baignez du Danube qui verse,
> Après maintes erreurs, dans l'Euxin, son eau perse.

Abordant ensuite son sujet, le poète le proclame incomparable : y a-t-il rien qui approche en beauté, en variété, de ce tableau idéal de la vie humaine, de cette opposition perpétuelle entre l'homme juste et sage et le méchant ? Voici quelques traits qui peignent assez plaisamment la méfiance, toujours en éveil, du méchant :

> Si deux il voit parler ensemble, ah ! misérable !
> Ceux-là parlent de moy (dit-il), et de mon fait ;
> Que ferai-je ? On me cerche, il y a un décret,
> Dois-je aller me purger ? ou plutost, par la fuitte,
> Eviter le péril de ma vie maudite ?
> Le meschant est tousiours par un arrêt des Cieux
> Tenaillé de frayeur…

Ce portrait s'achève par une image qui sent la fausse grandeur de Du Bartas :

> … Dedans il boult et fume,
> Comme le Stromboli dans la mer jette escume.

Parlant de la vertu et des embarras qu'elle éprouve, Rivière n'admet pas que l'on critique, amèrement et de parti pris, les mœurs de la Cour, mais il est sans pitié pour les écrits qui chatouillent la licence de ces mœurs,

> Funestes monumens de paillardes ordures.

Et qu'on ne lui objecte pas que ces vers folâtres plaisent aux grands, les grands, le plus souvent, ne les entendant pas :

> Combien le pourpre et l'or vest d'asnes à deux piez,
> Combien nous en voyons richement abriez[7]
> De la conque pourprine et des feuilles peignées
> Des bois du Cambazu[8] en veloux atournées,
> Aux doigts desquels reluit la belle bague d'or…
> Vous diriez qu'en esprit, le grand Platon ils passent…
> Ce sont balons venteux…

Rivière est ici bien hardi ; il est vrai qu'il traduit assez littéralement Palingene ; il ne s"écarte pas beaucoup non plus de son modèle latin dans cette apostrophe contre la poésie licencieuse, où il gémit de voir des enfants

> Se perdre et empirer, sous le maistre apprenans
> Carmes sales et ords, et la fleur printanière
> Peu à peu flétris sans de leur pudeur première ;

où il s'adresse ainsi aux maîtres :

> Je vous exorte donc, vous qui avez l'empire
> Sur les adolescens, qui devez comme cire
> Former entre vos doigts ces fragiles esprits,
> De laisser ces auteurs corrompus, et leur lire
> Quelque chose meilleure…

L'histoire nationale ou étrangère, la fable, la comédie honnête (*si aucune se treuve,* ajoute le poète, en marge), les vers innocemment gais, seront lus avec fruit :

<pem> Eslevez vos enfans de ces viandes-là. </poem>

Mais il faut bien prendre garde que la science, en s'alliant au vice, ne devienne une dangereuse auxiliaire ; l'honnête homme qui ne sait rien vaut mieux que le savant perverti : l'homme heureux par excellence et digne des plus grands honneurs sera bon et savant à la fois, dominant de toute sa hauteur l'ignorant effronté, qui erre, qui divague,

> Ainsi comme un aveugle allant tombe, ou se choque,
> Et donne dans le piège en l'obscur de la nuict.

Après avoir tracé d'une main lourde ce portrait idéal du savant, Rivière adresse une exhortation aux Muses, avec ce souhait énigmatique :

> Gardez-moy des *beurriers*[9] et du Dieu Lemnien,

puis il annonce que le Bélier *porte-corne* va faire place au second signe du Zodiaque, le Taureau.

Celui-ci débute avec entrain ; le poète s'excite l'ouvrage, le moment est propice :

> L'hyver s'est retiré, et les neigeux amas
> Du faiste des hauts monts fondus coulent à bas,
> La terre met dehors ses plus belles peintures…
> Philomèle se plaint par les bocages verts ;
> Les Napées, au son de ses gracieux vers,
> Leurs blonds cheveux ornez de guirlandes fleuries,
> Dansent à petits bonds par les vertes prairies…
> Les Dryades des bois et Satyres paillards
> Dans les autres moussus entonnent chants gaillards…

L'homme est le roi de cette nature animée, il dompte les tigres *viste-pieds* — *alipedes*, avait dit Palingene, qui n'avait qu'indiqué une autre image, pittoresquement développée par son imitateur :

> La grand Balaine aussi, de l'Océan ce mont,
> Lui cede monstrueux, qui a la gueule au front…

Non content d'avoir bâti des cités, inventé les arts l'homme fabrique des engins qui simulent la foudre *porte-encombre*, hors desquels le plomb, — ajoute Rivière, plus que jamais copiant Du Bartas et ses onomatopées,

> Plat, abat, foudroyant mur et fort imprenables[10].

Mais l'homme si puissant ignore trop souvent le droit sentier qui conduit au souverain bien, et que ni la Grammaire, ni la Rhétorique, ni la Médecine, ni le *Droit nouveau*, ne lui enseignent ; le secret de la suprême sagesse, voilà ce que le poète entreprend de lui montrer. Le vulgaire attache un grand prix aux richesses ; on les convoite, la mère les désire pour son enfant, et pourtant quel néant elles recouvrent ! La cupidité, l'avarice, la crainte, harcèlent celui qui les possède. Rivière, d'après Palingene, imagine un dialogue entre l'avare et sa passion, assez semblable à celui que Boileau, dans sa satire VIII, a imité de Perse ; puis il mêle quelques traits de son cru à l'ingénieuse comparaison que son modèle latin fait de l'homme riche, talonné par le

désir de gagner encore :
> Il court deça delà, ne plus ne moins jetté
> Qu'un boursouflé balon, d'un et d'autre costé,
> Par les bras des joueurs, au veu de l'assistance ;
> L'un le pousse du pié, l'autre du poin le lance,
> Qui deça, qui delà, avec bruit et clameur.

Voici, peu après, une curieuse description de la table du riche, dont rien ne peut assouvir les appétits ; entre autres libertés que Rivière a prises avec Palingene, on remarquera que les huîtres de Cyzique ou de la Propontide sont devenues huîtres de Cancale, et que le *Falerne* s'est changé en *Beaune* et en *Grave :*

> À la table du riche, on porte le meilleur
> De la mer, et des bois le levrault viste alleur
> La biche, le chevreul, le sanglier de Ménale
> Gibier, la grasse grive et la perdrix Dédale,
> La caille, l'alouette et les madrez oyseaux
> Que la Phaze nourrit, chapons et pigeonneaux ;
> L'on porte le turbot, la murène friande,
> Le saumon, le mulet, la sole, la limande,
> La lamproy, l'huistre aussi qui de Cancale vient,
> La squille, le poisson qui d'or le nom retient,
> Et autres que nombrer est chose difficile.
> Pour son boire, il aura du vin la fleur subtile
> D'Orléans ou de Beaune, ou plutost du Gascon
> Le Grave nectareux…

Mais tous ces raffinements sont la source de maladies cruelles ; il ne sert pas non plus, pour se garantir du froid et du chaud, de se couvrir de somptueux vêtements ; le sage se met au-dessus des besoins vulgaires, et, si la fortune la délaisse, il se réfugie

dans l'étude ou bien il voyage :

> L'homme plein de vertu quittant l'onde Françoise,
> Ira noyer sa soif sain et sauf en l'Indoise,
> De l'Inde en Sumatra se paistre de cocos,
> Et de là du gibier de la Phaze en Colchos.

Au reste, la monotonie vient vite pour le riche, il se dégoûte de tous ses biens, il porte envie au pauvre, content de peu, au nocher, au bûcheron. Suit un éloge de la pauvreté qu'ont pratiquée les anciens sages, les héros de la République romaine ; l'idée de la fable *le Chêne et le Roseau* apparaît dans ces vers :

> Les choses basses sont incapables d'outrager ;
> Les Typhons orageux espargnent ès forêts
> Les genèvres petits et les foibles cyprès ;
> Les genets verdoyas et bruyeres steriles
> Par les bois eventez sont en paix immobiles.

Trop d'argent nuit, on le dissipe follement, ou on l'entasse avec cupidité ; si tu es riche, si Plutus

> T'a fait un tour d'amy et l'un de ses boursiers,

songe à bien employer tes richesses, fuis l'avarice et le vice contraire, fais l'aumône, sois charitable. Hélas ! la charité est morte aujourd'hui, s'écrie le poète, les *avares richards*

> N'ont pitié de personne, ains ont le cœur de fer...
> S'ils donnent quelquefois, c'est à des baladins,
> ....
> Au poète, neant, les Muses on desprise,
> L'échiquier bigarré de l'un la bourse épuise,
> L'autre joue à la prime ou aux dez son manoir.

Ces deux derniers vers serrent d'assez près le texte latin, ils ont pourtant comme une saveur originale ; imitant le même passage, Scévole de Sainte-Marthe a été terne et froid :

> Les cartes et les dez, et tels autres moiens,
> Consomment vainement et le temps et les biens.

Après quelques nouveaux conseils de haute morale, Rivière, qui craint un orage, ramène au port son esquif poétique.

Au moment où il reprend la mer, sous le signe des *Gémeaux*, il rencontre

> Un vieillard de façon et d'habit honorable.

Ce vieillard se fait connaître, il n'est autre qu'Épicure :

> Le visage riant et le teint frais avoit
> Autour son poil grison de fleurs une guirlande...

Épicure fait un long discours à notre poète : la volupté, selon lui, est le souverain bien ; c'est elle que se promettent d'atteindre, par des moyens divers, et le laboureur, et le navigateur, et le soldat,

> ... quand au meurtre inhumain
> Le tambour mugissant encarnage sa main,
> Et de vaincre ou mourir bravache se prépare,
> Quand pour s'entretuer l'airain *taratantare*.

Mais —répond le poète— montrez-moi l'art d'être heureux, la route de la volupté. Fort empressé, le vieillard le conduit d'abord au palais de Plutus ; puis, sur sa répugnance à y entrer, dans un bois épais, plein d'arbres, dont la longue énumération emplit trente vers, émaillé d'une infinité de fleurs non moins minutieusement décrites, retentissant du chant des oiseaux (sur les charmes duquel Rivière s'est plus complaisamment étendu que son modèle) :

> Mille sortes d'oiseaux d'un chant mélodieux
> Emplissoient la forest par accords de musique ;
> Là, Progné se douloit de l'amour tyrannique
> De son cruel époux, et sa sœur en maint lieu
> Lamentoit son désastre et d'Itys son nepveu ;
> Le perroquet perché formoit nôtre langage,
> La gentille linotte entonnoir son ramage,
> Le pinson, le tarin[11], l'émaillé chardonnet
> Et le canarien chatoient un beau motet.

Le vieillard et son compagnon voient venir à eux, en ce séjour enchanté, un cortège voluptueux que conduisent Vénus et Cupidon ; une sage conseillère, la nymphe Arété, survient alors qui les dissuade de rechercher une telle société ; elle leur cite l'exemple d'Hercule qui filait aux pieds d'Omphale, qui,

> Au lieu d'une rondache[12] et cresté morion,
> A porté la quenouille et le mol scofion ;

l'exemple de Circé qui *embestoit* les compagnons d'Ulysse, et elle ajoute : fuyez la volupté,

> Gardez-vous de ses nœuds et de son attifet[13],
> Qu'elle vous decevant ne face comme fait
> L'airaigne au mouscheron qui, dans son échauguette,
> Près sa toile tendue, en embuscade guette
> L'ennemy passager, et dedans le voyant,
> Elle acourant l'enclost, dri-drillant pour neant,
> En sa retz filacière, et de sa dent pointue
> Le perçant sans pitié, le suççote et le tue.

Épicure va rejoindre la troupe des voluptueux ; la nymphe Arété continue au poète son cours de morale, flétrissant les débauchés et les ivrognes, faisant de ces derniers un curieux portrait, au début duquel Rivière a glissé un étonnant essai d'harmonie imitative :

> … Le vin au cerveau
> Des tintoins bourdonnans dedans la tonne entonne,
> Et la teste tournant, tinte, donne et dondonne ;
> Au lieu d'une chandelle, il cuide deux en voir,
> Et la table et les murs tout en rond se mouvoir.
> ··········· Hé ! quel vilain plus grand
> Et plus ord animal qu'un yvrongne gourmand,
> Qui est contraint vomir la viande souppée,
> D'une vineuse humeur, puante, détrempée :
> Il tremblotte et chancelle et souvent tombe à bas,
> Se rompant ou le col, ou la jambe, ou le bras ;
> Il bégaye en parlant, et sa fole parole,
> De sens destituée, en l'air vole frivole.

Les maladies qu'engendre l'ivrognerie, la *cailloueuse* goutte,

> À laquelle ne voit la médecine goutte,

ajoute Rivière, trouvant à la fois une malice et une rime, — la fièvre, les ulcères, les *bourgeons* sur le nez, complètent ce tableau, qu'un précédent imitateur de Palingene, Sainte-Marthe, n'avait eu garde de négliger. La nymphe Arété termine son discours par le vers-proverbe que l'*Avare* de Molière a mis dans toutes les mémoires :

> Pour manger ne faut vivre, ains pour vivre manger,

puis elle quitte le poète, non sans lui promettre qu'il entendra bientôt parler d'elle.

Dans le sommaire du livre IV, le poète nous annonce qu'il va parler de l'amour, et, en effet, après avoir adressé une invocation au Soleil, il est choisi pour arbitre entre un *pastoureau* et une *pastourelle*, qui, comme les bergers de Théocrite et de Virgile (Rivière a trouvé plus piquant de ne pas imposer le même sexe à ses deux antagonistes), se disputent le prix de la poésie amoureuse ; en ces termes imagés, où nous avons plaisir à saluer une allusion bretonne, la bergère sollicite son insensible *Philète* :

> … Je ne suis pas si laide !
> Si tu me connoissois, tu ne serois si fier…
> Tu m'aimerois peut-être, et bien que je ne porte
> Un moule et une tresse à la nouvelle sorte,
> La dentelle ouvragée au rabat de Quintin[14],
> Ny la chausse d'estame et le petit patin,
> Je ne dois pour cela estre moins regardée.
> Un amante sans fard vaut mieux qu'une fardée ;
> Au reste, j'ai du bien, mon père a des troupeaux…

et l'amplification habituelle des églogues, relevée par quelques traits curieux, par quelques mots qui sentent leur terroir :

> Cent pourceaux pasturans par nos vertes chesnayes…
> Du miel et du nouveau, tousiours pleine chazière[15]…

Frais inutiles pour séduire un berger qui ne s'émeut pas plus qu'un *Rodomont*, dont le cœur est plus dur qu'un rocher *Alpinois*. Le *pastoureau*, se piquant d'honneur, réplique sur le même mode, et trouve, pour louer la blancheur de sa mie, des termes de comparaison qu'a oubliés Théophile Gautier dans sa *Symphonie en blanc majeur* :

> Plus blanche que chaux vierge ou que fleur de farine,
> Plus qu'escume de mer quand elle est en courroux,
> Que les lys argentez, et plus que le laict doux…

Mais, pendant que berger et bergère font assaut de beau langage, des loups descendent de la montagne et pénètrent dans la bergerie. Affranchi de son rôle d'arbitre, le poète s'échappe, il arrive au bord d'une fontaine ; c'est là qu'il est rejoint par Timalphe, fils de la déesse Arété, qui lui explique longuement les charmes, mais surtout les malheurs, les fourberies, les inconséquences de l'amour :

> Quelquefois la maistresse aymera son valet,
> Et pour époux la belle aura quelque gros laid,
> Quelque vieillard hergneux ou à la grosse lippe…

La supériorité des voluptés de l'esprit sur celles du corps forme le sujet d'une interminable dissertation, pleine d'excellents conseils sur la vraie et la fausse amitié, la manière de se bien conduire dans le monde. Après ce copieux échantillon de poésie morale (Rivière l'a presque littéralement traduit de Palingene), le *jouvencel* prend congé de son interlocuteur, il lui annonce qu'il va regagner son *beffroy* céleste, d'où il contemple les peuples, races de pygmées,

> Les Gaulois belliqueux, l'Italienne terre
> Anglois et Espagnols, bons piétons à la guerre,

d'où nos montagnes, nos fleuves (*Padus, Tanais,* avait dit Palingene ; *la Seine, la Loire,* reprend Rivière) lui semblent si petits :

> La Seine, Loire, l'Istre et le Gange font montre
> De champêtres fossez d'eau de pluye remplis,
> Et regardant du Nil les sept larges replis,
> Sept tuyaux fonteniers seulement voir me semble ;

au moment où le poète s'apprête à lui répondre, il s'envole aussi vite

> Que va le sur-oûest de Rennes à Paris.

Ce dernier vers, est-il besoin de le dire ? est tout de l'invention de Rivière ; l'orthographe même de ce terme de marine (sur-ouest, pour sud-ouest) est une petite particularité bretonne.

Le livre V est un des plus nourris ; il s'y traite du mariage, des enfants, et tout un système d'éducation, une *paidagogie*, s'y déroule. Le poète, au début, parle encore de la folie des hommes, — il s'adresse à Dieu :

> Possible voulez-vous que les choses mondaines
> Vous servent de risée et de jeux comme vaines,
> Et l'homme d'harlequin, car nôtre vie n'est
> Qu'une farce et un jeu qui meurt et qui renaist,
> Et, comme le magot, en imitant nos gestes,
> Nous émeut à risée, ainsi nous les Celestes,
> Toutes et quantes fois que le col élevé
> Superbes cheminons, bravaches *Rhodomonts*…

L'homme, *âne couronné,* ne considère pas

> Comme semblable il est à la plume qui vole,
> Et au petit bouillon qui sur l'onde bavole[16].

Le poète entreprend de dévoiler aux mortels la vérité obscurcie, voilée par l'ignorance, de leur enseigner le mépris des biens périssables,

> Qui passent et s'en vont comme fait l'eau de Seine,

(*ceu fluminis unda,* disait simplement le texte latin) ; le souverain bien est en Dieu, qui est un principe, une fin et un moyen ; l'homme, d'ailleurs, ne peut prétendre à l'absolu bonheur, mais il est permis d'aspirer à une félicité relative, et l'on doit, pour l'obtenir, se contenter et tirer partie d'une condition médiocre, fuir la familiarité des grands qui devient aisément une domesticité déguisée :

> C'est à l'asne à porter le bast en patience.

Rivière, toujours d'après Palingene, se pose alors une grave question : faut-il se marier ? et il y répond plus sérieusement que Pantagruel à Panurge, que Geronimo à Sganarelle ; il y a, sans doute, des inconvénients, on peut prendre une femme légère et pis, les filles sont lourdes à doter, les garçons se conduisent mal, le mari laisse souvent à souhaiter,

> Qu'il soit plus tempéré, plus ne soit querelleur,
> Qu'il s'arreste au logiset par fole boutade
> N'aille deçà delà de nuict battre l'estrade…

toutefois, les plus fortes raisons militent et s'unissent en faveur du mariage : ne vaut-il pas mieux laisser ton bien à la femme, aux enfants qui t'aiment, qu'à des héritiers égoïstes qui guettent ta mort ? et n'éprouveras-tu pas une suprême douceur à te voir revivre en cet enfant, ton image à la fois et celle de ta compagne ?

> Car c'est un commun sang, double substance en une,
> Un pour trait my party de l'image commune ;
> Puis, le jour arrivé veuf pour toy de suivant,
> Tu ne meurs pas entier, tu vis en ton enfant.

Marie-toi donc, mais à bon escient, étudie la femme que tu te destines, examine jusqu'au caractère de ses parents,

> Pren conseil en secret d'une tienne voisine
> Que cognoistras fidelle, et l'envoyé pour voir…
> Si elle est droite et saine, ou torte et maladive,
> Mesnagère ou faitarde[17], aux ouvrages active

> Ou de soye ou de laine, ou filant sans arrest,
> Car la femme pudique à ces choses se plaist.

Si le malheur veut que, malgré tant de précautions, tu sois tombé sur une méchante femme, cherche d'abord à l'amadouer, mais, — l'on croit entendre ici celui *qui mit à la raison la mégère* de Shakspeare[18],

> Si le bruit et les cris plus sage ne la font,
> Tu la dois chastier sans aucune remise ;
> Où la douceur ne sert faut user de main-mise.

Toutes sortes d'avis pour prévenir le dommage dont s'égayaient, à tort, nos pères malins et gaulois, précèdent d'intéressants conseils sur l'éducation des enfants, sur la direction qu'il convient d'imprimer, dès l'âge le plus tendre, à ces jeunes esprits :

> Surtout ne donne pas, ô père, liberté
> À tes petits enfans de hanter compagnie,
> Qui en fait ou propos use de vilennie…
> Tousiours tiennent entre eux les mondains jouvenceaux
> Quelques sales discours et disent mots nouveaux.
> Notre siècle est remply de luxe et de luxure.
> Telles gens fréquenter tes enfans ne permets,
> Repren les doucement, puis aigrement après,
> Use, si besoin est, quelquefois de la verge…
> Ne sois trop indulgent, ains sévèrement doux,
> Tien souvent ton amour masqué d'un feint courroux.

Viennent ensuite des prescriptions de santé, d'hygiène ; Palingene et son traducteur ne sont pas tendres pour les médecins de leur époque, ils respectent encore le chirurgien, *plus seur en sa pratique*, mais *le médecin clinique*

> Buse, abuse et s'abuse en son fol jugement,

écrit Rivière, tout heureux de renchérir, par ce choc de mots similaires, sur le *fallitur et fallit* du latin ; voici encore des traits assez vifs contre la prétentieuse ignorance des *Desfonandrès,* des *Sangrado* du XVIe siècle :

> Ils vont roguement fiers, et osent demander
> Des gages du public qu'ils disent mériter ;
> Certes, ils ont raison de faire ces requestes,
> Pour estre recogneus d'hommes meurtriers honnestes…
> Moins soigneux de sçavoir qu'avoir riches habits,
> Effeminer leurs doigts de bagues et rubis…

Tout ceci est, à quelques nuances près, traduit de Palingene ; mais nous voyons avec plaisir Rivière interrompre un nouvel éloge de la sagesse, qui termine ce cinquième chant, pour faire un retour sur l'histoire contemporaine ; les vingt vers qui suivent ont été écrits au lendemain de l'attentat de Ravaillac ; ils ont pour nous la valeur des témoignages de Malherbe ou de Pierre Mathieu[19] ; ils sont l'expression toute sincère et bien personnelle des sentiments d'un royaliste attristé, qui paie son tribut de louanges et de larmes au héros d'Arques et d'Ivry :

> Ces choses j'escrivois au tems que le chery
> Du ciel et de fortune, Henry, le grand Henry,
> Après victorieux avoir, par sa vaillance,
> Exterminé la Ligue et mis la paix en France,
> Avoir busqué fortune et couru tant de fois
> Dans l'airain flamboyant des piques et pavois,
> Par les sanglans combats et foudroyantes armes
> Des Dragons Karrabins[20] et tonnerreux gens d'armes,

65

> Fait couronner la Reyne au milieu de ses ris,
> Et de tous ses lauriers, fut, hélas ! dans Paris,
> Dedans Paris sans pair, de la meurtrière lame
> Assassiné d'un traistre et parricide infame.
> L'enfer cuidoit qu'ayant de ce monde arraché
> Le père de la France, il auroit bon marché
> Des enfans par debats et cruelles tueries,
> Et qu'il remettroit sus les civiles furies ;
> Mais Dieu le frustra bien par les prudens advis
> De la Reyne régente et des Princes unis…
> Pleurons, Muse, pleurons, quitte là ton ouvrage…

Le meurtre du 14 mai 1610 avait eu son contrecoup au Parlement de Bretagne : Rivière, on le croirait, travaillait à son poème quand il apprit la triste nouvelle, et il n'attendit pas au lendemain pour peindre sa douleur ; il ajouta tout de suite, dans son trouble, quelques alexandrins à ceux qu'il modelait sur les hexamètres de Palingene ; plus tard, il glissa une allusion flatteuse à la régence de Marie de Médicis.

Le poète, au début du livre VI, revient au thème de sa préface, l'apologie de la poésie sérieuse ; il faut laisser les sornettes,

> Les contes de Peau d'asne[21] aux enfants et aux vieilles.

Il faut prendre garde aussi que l'idée se noie sous les ornements du langage, — *words*, des mots, eût dit Hamlet, qui pressentait les *Parnassiens* :

> … Il n'y a point de fond,
> Point ou peu de sagesse en ces belles paroles,
> Qui sont, après le son, sans mouelle et frivoles.
> Tous ces mots émaillez n'ont que l'extérieur,
> Que la cappe et l'épée, et rien d'intérieur,

> Belles fleurs, mais sans fruict, qu'en revient-il à l'âme,
> Après avoir bien leu, quel bien ?

Joignant l'exemple au précepte, le poète donne dans le genre sérieux, il se fait aborder par *la Mort*, qui lui trace un effrayant tableau de son pouvoir :

> Je me disne d'un Roy, et souppe d'un Pontife…
> L'Arabe, le Gaulois, le Barbe, et Moschovite
> Et quiconque de Fez jusqu'au grand Kaire habite,
> Et du suant Midy jusqu'au froid Aquilon,
> Craignent mon nom terrible, et cet acier felon ;
> Je n'ay discrétion de roture ou noblesse…

La Mort ne ménage pas la *noblesse* ; les prétentions, les injustices de celle-ci trouvent un censeur rigide dans la Muse du poète, sa *Calliope*, qui intervient alors, et apostrophe les nobles indignes en termes que Juvénal et Boileau n'eussent pas désavoués ; eh quoi ! un misérable, un *Chelme* (vieux mot qui signifie rebelle et qui est dans la *Satire Ménippée*), un *Ravaillac*, pourraient être tenus nobles à cause de leurs ancêtres !

> Pourquoy plus te déplaist parmy ton blé l'yvraye,
> Ou le faux quart d'écu blanchy de vif argent,
> Le gros et mauvais pain, le falsaire sergent,
> Et tout ce qui est faux, qu'estre faucement noble,
> A l'écusson d'azur, de gueule ou de sinople ?…
> Ce n'est doncque le sang, l'or, ny l'azur, en somme,
> Ny l'écusson tymbré qui te fait gentilhomme,
> C'est la belle vertu…

Montre-toi digne des aïeux, à qui leur courage, leur talent, ont mérité la noblesse, sinon, tu es noble au même titre que le *Pasquil de Rome*[22].

Rivière est en veine de hardiesse ; après la noblesse c'est à la justice qu'il s'en prend, lui magistrat, et il s'écrie :

> Les gibets ne sont faits que pour les malheureux,
> Les autres sont absous, quoi qu'il y ait contre eux.

Ceux qui veulent devenir savants ne sont pas plus favorisés ; à quelles pénibles ou désagréables obligations ne sont-ils pas astreints, dès l'enfance !

Plus tard, ils voyagent pour s'instruire, et quand, au prix de fatigues, de veilles, d'abstinences sans nombre, ils croient saisir la science, ils tombent malades :

> De là sont affligez les uns de l'ophthalmie,
> Infirmité des yeux, des liseurs ennemie
> Autres de dispepsie à l'estomac recru
> Pour les Muses baiser et rebaiser trop dru,
> De palleur, de maigreur, et de vieillesse prime.

Il ne faut pas forcer la nature ; l'homme qui veut tout savoir tombe dans le sillon enflammé de Phaéton et d'Icare — il s'expose, ajoute de lui-même Rivière à une aussi déplorable chute que ces politiques trop ambitieux,

> Sous Tibère, Sejan et sous Henry quatriesme,
> Le guerrier de Biron[23].

La gloire, ainsi acquise, n'est qu'un vain fantôme, il faut s'humilier pour respirer ce grossier encens populaire. Les misères humaines donnent ensuite matière à une dissertation pleine d'amertume ; comme dans les anciens poètes, comme dans Shakspeare, tous les âges défilent, l'enfance débile, la jeunesse avec sa fougue aventureuse et son effronterie, l'âge mûr que se partagent l'intérêt et l'ambition, la vieillesse enfin, la vieillesse rampante,

> La teste farineuse et le front marqueté,
> Traînant avecque soy mainte incommodité ;

les maladies de l'esprit et du corps, la folie qui fait

> Banqueter, caroller[24], danser à la Morisque,

quand on devrait travailler et méditer, la crainte de périr empoisonné

> D'avoir mangé, peu caut, *potirons*[25] ou ciguë ;

les accidents, les inimitiés, rendent la vie ridicule et affligeante ; le sommeil lui-même, ce bienfait, on ne peut le goûter en paix :

> Nature, toutefois, ce bien à l'homme envie,
> Sa joye entre-rompant des poignans piquerons
> De punaises, de pouils, puces et moucherons,
> Afin que jour et nuict il ne soit sans étrainte.

La mort, qui nous délivre, est-elle donc un si grand mal ? se demande notre poète, à qui il échappe, — c'est de Rivière que je parle, Palingene est coutumier du fait, — un très beau vers,

> Tu ne veux pas mourir, et tu ne sçais pas vivre !

malheureusement, comme de plus illustres, gâté par le

suivant,

> Ignorant que la vie est une vive mort.

Sans la braver sans la chercher l'honnête homme doit attendre tranquillement la mort ; il se lèvera de la vie, comme dit La Fontaine, *ainsi que d'un banquet ;* il rendra un bien dont il n'avait que l'*usufruit*.

> Ce monde proprement est une hostellerie
> Où d'hostes et passants y a plein attelier,
> Force provisions que le maistre hostelier
> Prodigue abondamment à la gent passagère,
> Disant : Beuvez, mangez et faites bonne chere,
> Ma libéralité vous octroye ces biens
> Sans qu'ils vous coustent rien, usez-en, ils sont miens,
> Mais à condition que chacun se retire
> Lorsque ma volonté sera de vous le dire ;
> Or sus, festoyez-vous de mes commoditez,
> Mais quand je vous diray : Dehors, amis, sortez,
> Obeissez contens, et permettez que d'autres
> Jouissent comme vous, après vous, des biens nôtres.

Il faut donc quitter sans regret le *billot corporel*, mais, malgré les trahisons et les injustices, malgré les rois et seigneurs (Palingene avait ajouté les *pontifes*) pillards et débauchés, malgré toutes les infamies et tous les malheurs dont la vie est pleine, il est défendu d'imiter Caton et Lucrèce. Telle est la conclusion de ce sixième chant, celui de *la Vierge*.

Le suivant, auquel préside le signe de *la Balance*, est des plus compliqués et des plus ardus ; que dire d'une poésie qui se complaît dans la métaphysique, qui se délecte dans la cosmographie ? *Il y a trop de brouillamini là-dedans*, comme disait M. Jourdain à son maître de philosophie. Tout au plus aurai-je à relever cette comparaison, destinée à figurer le concours des vertus, des intelligences célestes, dans l'ordre des choses créées :

> Comme dedans Paris[26] on voit force manœuvres,
> Charpentiers, maréchaux, maçons et armuriers,
> Faire ouvrages divers à divers atteliers…

Les pures abstractions philosophiques ne sont guère du domaine de la poésie, un Lucrèce seul a pu les y faire passer ; Rivière, qui n'est pas un Lucrèce, réfute pesamment les anciens systèmes sur la nature de l'âme, puis, aussi fatigué, ce semble, que le lecteur qui a eu la patience de le suivre, il s'invite au repos, tout en promettant à sa Muse de revenir bientôt

> Lui donner de bon cœur les rogneures du tems,
> Que je pourrai soustraire aux *négoces urgens*.

Le rôle du Parlement devait être chargé, quand notre conseiller fit ce retour sur sa profession.

C'est avec une scrupuleuse exactitude qu'il traduit du latin l'exposition de la théorie de la fatalité, qui ouvre le huitième livre ; cette théorie lui semble absurde et coupable ; la nature obéit toujours à une volonté supérieure, même quand elle crée des monstres.

> Comme un peintre excellant, après maint bon tableau[27],
> Pour se désennuyer, tire de son pinceau,
> Dedans une grotesque[28], un grand nez à pompette,
> Un Satyre, un pié bot, ou chose contrefaite…

Voici énoncé — il est réfute plus loin — l'argument des fatalistes qui reproche à Dieu son indifférence pour certains êtres qu'il abandonne et un triste sort, pour les plantes, pour les arbres :

> Les arbres mesmement les fortunes n'esquivent,
> L'un est déraciné ou rompu d'Aquilon,
> Cetuy brûlé du chaut, l'autre du froid poltron,
> L'un sert à la musique, autre à faire la guerre,
> Cetuy gist atterré pourfendu du tonnerre,
> L'autre sert à merrein[29] ou à l'arc polonois[30],
> L'autre d'appast au feu de Janvier brûle-bois.

Il ne faut pas toujours se demander le pourquoi des choses, il faut renoncer à sonder certains secrets, continue Rivière qui reprend à Palingene et développe un peu l'image du potier devant son argile, du sculpteur devant son marbre : *Sera-t-il dieu, table ou cuvette ?*

> Le potier qui a mis son argileux amas
> En plusieurs portions, pour nombre de pots faire,
> Pourquoy employe-t-il plustost en une eguière,
> Ou en une marmite ou bocal ce morceau ?
> Pourquoy de cetuy-cy fait-il un pot à l'eau,
> De l'autre une fiole ou une cruche ronde ?

C'est le secret de l'ouvrier. Après un tableau de l'ordre admirable qui préside aux choses d'ici-bas, il y avait, à cet endroit, et comme correctif, dans le poème de Palingene, un tableau des misères de son temps, des exactions commises par les Français pendant les guerres d'Italie, des présages sinistres qui annonçaient d'autres malheurs à cette Italie, nation avilie et sacrilège ; Rivière est trop bon patriote pour laisser son lecteur sous une aussi triste impression, il traduit bien les plaintes et les invectives die Palingene, mais il les fait suivre d'une riante description de la paix que Henri IV avait préparée, que l'alliance projetée de Louis XIII avec une infante, du prince d'Espagne avec la dauphine, devait cimenter :

> Nous chanterons la paix de la France eplorée
> D'avoir perdu son Roy, son père et son sauveur,
> Et joyeuse d'avoir du calme le bonheur.
> Bonheur, qui l'eust pensé ? Qui eust cuidé qu'en l'onde
> Le Soleil estant cheut, le jour restast au monde ?
> Mort il nous a laissé, par miracle, la paix,
> Que vif acquise avoit par miraculeux faits.
> Ô paix, heureuse Paix, par toy nos prez fleurissent,
> Et de barbus epys nos plaines se herissent,
> Par toy fait ses labeurs, libre, le paisan,
> Le marchand son traffic, son metier l'artisan ;
> Par toy nous esperons voir revivre la France
> Et chasser loin de nous l'ancienne ignorance,
> France, qui vas tes flancs de ta main propre ouvrant,
> Et sous un faux visage, ainsi te déchirant…
> Mais l'éclipse est passée et nos yeux éblouis
> Voyent or' la splendeur de nôtre Roy Louys ;
> La bourrasse acoisée, ores luit la bonasse[31].
> C'est, ô France, c'est Dieu qui te fait cette grâce,
> Qui te donne à loisir l'embonpoint du relax,
> Et qui te montre encore un saint elme de paix[32],
> Par la conjonction et futur Hymenée
> De l'Ayné de tes Lys d'Espagne avec l'Aynée ;
> Ô mariage heureux brassé de Medicis
> L'an six cens après mille avec la fleur de lys !…
> Mais plus heureux cetuy par la double alliance
> De la France à l'Espagne et d'Espagne à la France ;
> Dieu la veuille conclure et nous donner sa paix,
> Pour, son nom benissans, le louer à jamais !

Rivière a pris soin de nous indiquer, en marge, qu'il composa, l'an 1612, ce morceau d'une si noble et patriotique allure ; je n'ai pas hésite, malgré quelques obscurités et quelques faiblesses d'expression, à le citer presque entier ; i à son petit intérêt historique, et il m'a rappelé, en un passage d'une bonhomie touchante, ce fragment exquis des *Mémoires* de l'abbé de Marolles, la *Campagne sous Henri IV*[33].

Il ne se peut rien imaginer de plus entortillé et de moins clair que le mélange de théologie et de physique qui remplit le neuvième chant ; il y aurait quelque intérêt à comparer les monstres qui personnifient les vices aux monstres allégoriques que Dante et Milton ont introduits dans leurs poèmes ; mais on se perd dans des subtilités et des obscurités.

Une distinction entre la vraie sagesse et la fausse science amène cette petite digression sur les écoles d'alors :

>Qu'apprennent aujourd'huy les enfants aux écoles ?
>Quelque fable honteuse ou qui point ou peu sert.
>Là le maistre seant, ayant le livre ouvert,
>Crache, et après avoir du contour de sa veue
>Des beans apprentis la presse recognue,
>Commance, sonoreux, à conter quelque fait
>D'une fable[34] comique ou tragique forfait,
>Ou de quelque ancien l'amoureuse furie,
>Ou d'un horrible cas l'étrange barbarie.
>Ô teste d'hellebore ! est-ce là la liqueur
>Dont des jeunes enfans tu imbibes le cœur ?
>Est-ce l'échantillon de leur apprentissage ?
>Est-ce le sel qu'il faut à ce petulant âge ?
>Ô corrupteurs d'enfans, et non pas instructeurs !

Ce dernier vers est beau ; les auteurs des nouveaux *Manuels*, et ceux qui introduisent Rabelais dans l'école primaire, pourraient le méditer avec fruit. Il y a de tout, au reste, dans ce livre ; l'homme brutal y est assimilé à un cannibale :

> Tel un Topinambout[35] ou Margajat sauvage,
> Qui nourrit en pourceau son ennemy captif,
> Puis l'assomme, boucane et dévore brutif ;
> Ou le Canadien qui, cruellement pire,
> Le brûle à petit feu, couppe, ecorche et dechire…

Cette comparaison appartient tout entière à Rivière, qui dut en trouver les éléments dans les relations à demi fabuleuses de P. Martyr de Milan ou de Gonzalve d'Oviedo, quoique, en ce qui concerne les sauvages du Canada, Jacques Cartier, Champlain et Lescarbot confirment cet horrible récit. Rivière est en veine d'invention ; son guide céleste — j'ai oublié de dire qu'il en avait pris un pour démêler les ténèbres de ce chant — son guide le quitte, appelé près du *Père Empyrée,* qui veut, tenir conseil *en la chambre dorée*[36], sur d'importantes matières théologiques.

> D'autant que le Momus sur le bureau mettoit
> Un affaire important[37] à plusieurs, qui étoit,
> Si ayans abjuré le monde sans feintise,
> Et pauvreté juré en face de l'Église,
> Ils pouvoient estre après riches beneficiers,
> S'ils étoient différens des riches séculiers…
> Si hommes lays peu voient, en saine conscience,
> Benefices tenir et mettre en même tas
> Ce qui leur étoit propre et propre n'étoit pas,
> Obvier à l'erreur de la plume Calvine,
> Qui l'Église embrouilloit de nouvelle doctrine,
> Et si meilleur étoit ce vieux mal tolerer,
> Que par l'acier tranchant prétendre le curer.

Il n'y a pas trace, et pour cause, de ces quatre derniers vers dans Palingene ; ils sont remplacés par de virulentes invectives, que le traducteur du XVIIIe siècle a respectées, contre le pape et les moines. Rivière a imaginé un petit dénouement que relèvent, à nos yeux, de piquants détails bretons ; on y remarquera une allusion au *Purgatoire de saint Patrice*, ce puits fameux que la tradition a placé en Irlande, dans une des îles du lac de Derg, et où le moyen âge, où Dante lui-même, renouvelaient les initiations des anciennes mythologies[38].

> Mon guide, m'embrassant, par les humides nûes
> Me porte, et me laissa dans les plaines herbûes
> Du païs Armorique, où les flots argentez
> De Seiche vont baignant ses chams camelotez[39] ;
> Et garny de sa verge et de ses talonnières,
> Entrecoupant, oyseau, les plaines oyselières,
> Passe l'anglaise mer, faisant le nord-ouest,
> Et, venu en Irlande où d'enfer la gueule est,
> Vers le terrible lac et puits de saint Patrice,
> Il devale dedans l'infernal précipice ;
> Et moy me promenant ores parmy les prez,
> Ores le long d'un bois, or' des ruisseaux vitrez
> De la Seiche fertile et limpides fontaisnes,
> Quand le Lyon ardant nous a chassez de Rennes,
> Mon semestre loisir[40] de jour, soir et matin,
> Je trompe avec Marcel et le chœur Palestin...

Le bon magistrat nous laisse, en ce passage malheureusement unique, entrevoir un coin de sa physionomie ; à la campagne, dans ses livres, il se repose du Palais et de son labeur monotone ; il est si bien chez lui dans ce paysage des environs de Rennes, que nous avons le droit de le naturaliser Breton.

Le début du dixième chant est assez vif ; un dialogue s'engage entre le poète et Mercure, qui revient des enfers — encombrés, dit-il, « de Turcs, de Juifs et de Chrétiens, » — et retourne à son poste céleste ; le poëte, resté seul, prie sa Muse de lui dicter *quelque carme non vain ;* il recommence à parler de la sagesse, et des difficultés que rencontre la pratique de la vertu.

> Las ! que pleure souvent la vertu rapiecée !
> Qu'on en fait peu d'état si d'or n'est enchâssée !

Puis il maudit la guerre, en homme qui l'a vue de près ; seulement, pour exprimer l'axiome : *la force prime le droit*, il invente une comparaison d'un goût atroce, bien étonnant commentaire du *Loup et l'Agneau* :

> Le droit se cache en guerre, et la bruyante voix
> Des armes et tambours biffe celle des loix.
> Ainsi que bastonnant sur deux kaisses ventrues
> D'un mouton et d'un loup les dépouilles tendues,
> L'aboy du loup romt l'autre et le ton du mouton
> Entendant l'ennemy perd avorton son ton[41].

Il est mieux inspiré — si ce mot sied à un simple imitateur — dans la leçon qu'il donne aux princes ambitieux, qui engagent leur pays dans de belliqueuses aventures.

Sur ces entrefaites, et pendant qu'il philosophe, il rencontre un saint ermite, qui,

> Macilent[42] et barbu, dedans un petit toit,
> Sur le faiste Apollin de Soracte vivoit…

Le vieillard a de bien profondes pensées sur la justice de Dieu, sur l'immortalité de l'âme. À entendre notre conseiller au Parlement, il n'aurait pas toujours habité la cime de Soracte, il aurait fait son tour d'Europe, il aurait vu Paris.

> Notre vie un peu longue est à moitié dormie,
> Le surplus découppé, comme une anatomie[43],
> De douleurs, de travaux et d'encombrer marris,
> Passe viste[44] *que l'eau qui traverse Paris.*

Ce chant se termine, dans Palingene, par une description peu flattée de la Rome papale, au commencement du XVIe siècle ; Rivière traduit, adoucissant quelques passages, appuyant sur d'autres, puis il demande à Dieu de l'assister dans la dernière et plus rude partie de sa tâche ;

> Car ce qui reste à dire est d'un ton plus hautain
> Que ce qu'avons prédit, et craint mon brigantin
> De singler délicat en si grande maree…

Rivière a raison d'invoquer le secours divin, car il va se faire auteur original et grossir de moitié les deux dernières parties du poème de Palingene. Il essaie d'abord timidement ses forces, agrémentant de quelques traits historiques une fastidieuse énumération de tous les signes du ciel, — disant, à propos de *Cassiopée,*

> Que sa chaire montra (cas etrange) à nos yeux
> D'un astre tout nouveau flamboyant dans les cieux,
> Dans les cieux etoillez, l'an septante et deuxième
> Après mille cinq cens, regnant Charles neufième[45],

et, au sujet du *Cygne* :

> Cygne qui sa poitrine argenta d'une etoille
> Qui l'an mille six cens parut au Ciel nouvelle
> Du sang de Medicis avec Henry-le-Grand
> Le mariage heureux à la France montrant…

Mais ce sont là de courtes échappées : Rivière entre décidément en lice pour combattre les *opinions cerebrines* de Christofle de Gamon ; il a beau les appeler *sagettes d'enfans*, il s'acharne à les discuter et à les réfuter. Du Barras avait traité de folies *les subtiles raisons du docte Germain* (Copernic) qui assignait à la terre autour du soleil le mouvement déjà pressenti par Galilée.

> Sans donner pour certain

>> Le journal mouvement de la terre habitable[46],

Gamon avait jugé le système de Copernic une hypothèse sérieuse, plus satisfaisante pour la raison que celle de la mobilité des cieux.

Rivière trouve là l'occasion de rompre une lance contre Gamon ; il laisse tomber ces paroles dédaigneuses :

> Aucuns l'ont dict ainsi que le ciel reposoit,
> Et que nôtre planche triplement se mouvoit ;
> Opinion qui est à mon advis si vaine,
> Que pas elle ne vaut d'y repondre la peine…

Il y répond pourtant : il est plus noble — dit-il — de se mouvoir que de rester inerte ; donc la première de ces fonctions appartient de droit au ciel ; il donne aussi des raisons matérielles, familières :

> Comment l'harquebusier ou l'archer plus subtil
> Si la Terre tournoit, le blanc frapperoit-il ?
> Et le plom à niveau jetté d'une tour haute,
> Au même poinct après reviendroit-il sans faute ?

Le mouvement, conclut-il, est de l'essence même du *celeste azur,*

> Luy étant naturel ainsi qu'à la grand'Seine,
> Qui roule son tribut dans le salé domaine,
> Et porte les bateaux avec elle courans,
> Dont s'ebahissent fort à Paris les enfans.

Plus loin, — mais il suit et développe ici le texte latin, — il affirme que les *hauts manoirs* ont leurs habitants comme la terre a les siens, mais bienheureux et sages.

> Seroit-ce à un grand Prince un grand trait de prudence
> Bâtir de marbre blanc un palais d'excellence,
> Caves, etables faire, offices, basses cours,
> Un corps d'hôtel superbe avec ses belles tours,
> À dix etages haut, chacun de ces etages
> Garny de cabinets et chambres à feuillages,
> De jaspe, de porphyr, de carboucles[47] ardans,
> Et de luisante agate, à se mirer dedans,
> De cèdres odoreux rondement lambrissées,
> Avec étoilles d'or et roses damassées,
> Pour les laisser en friche, et ne permettre pas
> Qu'auqu'un habite fors les caves et le bas ?

Ces *caves,* ces *étables* sont la terre, la mer, qui renferment une foule d'animaux.

> Et les païs astrez si beaux vuides seront !
> Ains plustost les cerveaux de ceux qui le croiront.

Le poète, dont l'imagination s'égare dans les espaces, découvre aisément la cause des taches de la lune, il prétend

> Que la Lune est non moins que la boule terreuse
> De tertres et vallons hauts et bas montueuse,
> Selon que depuis peu l'inventif Galilé
> L'avoir veu nous asseure en son *Nonce etoillé*[48].

Palingene était mort avant que Galilée se fût révélé ; Rivière a donc tout le mérite de cet hommage à l'illustre astronome ; il en arrive, d'ailleurs, à ce point de son poème, à voler presque de ses propres ailes. Le nom de Galilée revient, celui de Tycho-Brahé apparaît, avec un juste tribut d'éloges, dans une théorie de la rotondité de la terre, plus scientifique que celle de son immobilité. Rivière établit que la terre est ronde — l'Équateur et les Antipodes en font foi — et l'Astronomie le confirme,

> Qui nous dit que foulans la terre Persiane,
> Nous avons contreriez ceux de la Taprobane[49],
> Et passans empouppez le détroit Magellan,
> Nous marchons soûterrains du Tartare Idal-Cham…

Voici une autre raison, et des-plus convaincantes : le navigateur, sous de lointaines latitudes, ne voit plus les mêmes astres,

> Il est bien asseuré qu'il a changé de monde,
> Et renversé sous luy nôtre etoillé lambris,
> Nous, nos champs, nôtre France et l'Arctique pourpris.

Pourquoi l'éclipse de Lune se verrait-elle à Paris plus tôt qu'au Canada, à Rome plus tard qu'au Japon ? et cet argument décisif :

> D'où qu'etant embarquez pour faire navigage,
> Après les adieux dits, ceux qui sont au rivage
> Perdent premièrement de veüe le vaisseau,
> Puis les hommes, le mast, la hune et le drapeau,
> Qui flotant sur les eaux enfin se perd de veüe ?
> Autre cause n'y a que la tumeur ventrüe
> De la terre et de l'eau…

Après cet essor de poésie personnelle, Rivière redevient traducteur, — mais un traducteur très libre et plein de fantaisie ; il s'agit de montrer que toutes les parties de notre globe, même les plus exposées aux intempéries des saisons, sont habitées et habitables : les Arabes, *les nègres colons de la sèche Guinée, les lippus Molucains* ont, pour se garantir des ardeurs du soleil, l'ombre des arbres et le creux des montagnes ; eux-mêmes, les riverains des mers glaciales, peuvent braver le froid et ses rigueurs :

> La Nature a garny (sur toutes) ces contrées
> De plusieurs animaux aux échines fourrees,
> Comme ours, chats, lous-cerviers, biévres, loutres, regnarts,
> Martres, hermines, vairs, liévres et loups pillards,
> Chamois, chévres et cerfs, dont des peaux chevelues
> Ils font habits d'hyver, force mantes velues,
> Houpplandes et manteaux, ont poisles chaleureux,
> Etuves à suer, caves et autres creux,
> Qui naturellement contre le froid les arment ;

ils utilisent la graisse, le suif des marsouins pour faire des *lampes et falots,*

> Ils se servent des os (combustible matiére)
> À faire maint bon feu qui ne leur coûte guere,
> Desquels ils font amas, emplissent maint buscher,
> Suppléant au défaut du bois qui leur est cher.

Après ces considérations ethnologiques, le poète dit un mot des tremblements de terre, phénomènes ignés qui n'étonnent pas ceux qui ont vu *tourbillonner* le feu du Vésuve et *surjonner les ondes des bains chaleureux* ; puis il prend congé de son Uranie, dont l'appui lui sera encore nécessaire.

Dès le début du dernier chant, Rivière émaille de traits originaux, d'images bretonnes, ses démonstrations scientifiques : veut-il rendre palpable l'idée de l'infini, il représente une chose qui se voit, qui s'entend en plusieurs lieux à la fois :

> Vois-tu pas les rayons que le Soleil engendre
> À Rennes qu'à Paris en même tems s'épandre ?
> N'entens-tu pas le son qui parmy les airs gronde
> De l'horloge Renoise une lieue à la ronde,
> Quand elle sonne l'heure, et va de toutes parts
> Nos oreilles touchant de ses sensibles dards ?…

Il n'est pas moins familier, dans son désir d'être clair, en montrant que la lumière est incorporelle, qu'elle est indépendante de l'air qui l'entoure :

> Outre si un flambeau de nuict tu vois porter
> Par un laquay courant, cette clarté sans cesse
> D'un lieu se meut à l'autre, et passant de vitesse,
> Illustre[50] icy, or' la, les ombres de la nuict,
> L'air toutefois ne bouge, elle au contraire fuit
> Que si l'air le suppost etoit de la lumière,
> Il s'en iroit avec, courant même carrière…
> Tu vois aussi de nuict, régnant le Capricorne,
> Vulcain[51] emprisonné dans le verre ou la corne,
> Et au milieu pendu de la rue à Paris,
> Comme en dépit d'Eole et de tous ses esprits,
> Il jette une clarté qui les passans eclere,
> De sa place immobile et tousiours tout entiére,
> Ce qui pas n'adviendrait si corporelle étoit
> Ains bientost transportée ou en pièces seroit…

Nous arrivons à la question des eaux *sur-celestes* (suspendues et soutenues au ciel) qui amène de si rudes invectives sur les lèvres de Rivière, champion de Du Bartas, contre Christofle de Gamon. Se fondant sur un passage de la Bible, — *divisit Deus aquas quæ erant sub firmament, ab his quæ erant super firmamentum*[52] — Du Bartas, d'accord avec plusieurs théologiens, avait cru à l'existence d'eaux célestes et il donnait des raisons très subtiles à l'appui de cette opinion.

Mais Gamon se révolte contre cette hypothèse, il prétend expliquer différemment le texte sacré ; « que Bartas le veuille ou non », s'écrie-t-il, « la main de Dieu.

> N'a roûlé nulles eaux sur la pente éthérée, »

et il propose une autre interprétation.

Pauvre Gamon ! mal lui en prit de critiquer Du Banas, — qu'il appelait pourtant un *Phébus Gascon*[53] ; le contradicteur qu'il suscita n'était pas, comme lui-même, plein de déférence et de politesse. Si Rivière se contentait encore de le nommer *un écrivain remply d'arrogance* et de lui reprocher de faire *un firmament de beurre* ; mais il prodigue de bien autres aménités à cet *Anti-Bartas* :

> Ha ! cerveau mal tymbré ! petit ver comme rien !
> Es-tu bien si osé de te dire chrétien !
> Hé ! qui es-tu, chetif, petite fange infaite[54],
> Pour blasonner Moyse et le Royal Prophéte ?…
> Tu montres le chemin à la postérité
> D'impugner, ô malheur ! la sainte vérité,

> Et les divins arrests comme toy contredire,
> Pour chacun à son gré leur faire un nez de cire…

Les arguments de Gamon font rire de pitié ; conçoit-on une habitation somptueuse — comme l'est, au plus haut degré, le ciel, — sans eaux vives, sans fontaines !

> Quoy, si nôtre grand Roy te recevoit en joye,
> Soit à Fontainebleau ou Saint-Germain-en-Laye,
> Te montrast ses trésors, puis ses larges pourpris,
> Ses beaux compartimens et parterres fleuris,
> Ses grans parcs, ses jardins et leurs belles allees
> De scieure de marbre ou d'albâtre sablees,
> Ses chambres, cabinets, antichambres et lieux
> Où luisent l'or, l'agathe et l'ophite à qui mieux,
> De là ses beaux viviers et ses fontaines rares,
> Où les Nymphes jouant font cent mille fanfares
> De musique d'oyseaux, d'orgues et de hauts-bois,
> Qui l'âme des oyans ravissent de leurs voix,
> Dirois-tu sagement le Roy n'estre pas sage
> L'element crystallin prenant à son usage,
> Et ses jardins ornant de musicales eaux ?…

J'ai cité tout au long ce joli passage sur les résidences royales, Fontainebleau, adopté par les Valois pour y passer l'automne, Saint-Germain, mis à la mode par Henri IV ; en écrivant ce qui suit, notre poète avait en vue Paris traversé par la Seine, déjà égayé et rafraîchi par de nombreuses fontaines, aux attributs mythologiques, comme celle de la place des *Innocents* :

> Peux-tu bien estimer une ville accomplie
> De tout ce qu'estre doit, qui ne soit embellie
> D'une grande riviére, et dont aux carrefours,
> Les ruisseaux fonteniers, captivez en leurs cours,
> Ne facent rejaillir, des femelles tetines,
> Dans le marbre creusé les ondes argentines ?

Puis Rivière célèbre longuement les mérites de l'eau, qui sert à tous les métiers, de l'eau, le premier des éléments ; que ne s'est-il appliqué ces sages paroles de S. Goulart, le commentateur de Du Bartas : « N'entrons plus avant en l'eau, car c'est un abysme, où l'esprit humain se noyera avant que d'en trouver le fond ! » — Voici, au moins, une digression amusante sur les eaux employées en bains ou boissons :

> De là jetons nos yeux sur les baings et fontaines
> De diverses vertus et de merveilles pleines,
> Qui sont en divers lieux, comme de Pougues, Spas,
> Et d'une infinité dont parle Du Bartas,
> Aucunes pour garir les hypocondriaques,
> Asthmatiques, galleux, graveleux, cœliaques,
> Autres pour nous montrer plusieurs étranges cas,
> Qu'icy pour n'ennuyer, je ne deduiray pas…

Un peu de médecine thermale n'eût pas été, à tout prendre, d'un plus mortel ennui que toute cette physique qui précède, — et, puisque je suis sur ce sujet, je rappellerai que Du Bartas, qui a parlé, assez brièvement, des *bains non achetez* de la Gascogne, des Pyrénées, de *Cauderets, Aigues-Caudes, Baigneres,*

> Où le peuple estranger accourt de tous costez[55],

a été suivi, dans cette voie, et bien dépassé, par Gamon ; celui-ci a écrit sur les sources minérales, déjà exploitées de son temps, une page précieuse et que j'abrège à regret :

> Je tay du Vivarais les ondes sulfurees,
> Du rocheux Perigord les sources desirees,
> Des bains chauds de Vichy et les flots exaltez
> Des sourcils du Mont-D'or, de neges argentez ;
> L'Auvergne porte Abein, le Quercy Cransac donne,

> Languedoc, Baleruc, le Bassigni, Bourbonne,
> Bourbonne de qui l'eau, par son chaud vehement,
> Les breches de santé repare impunément[56]…

Je reviens à Rivière, qui, après avoir discouru de l'eau, *fin argent, crystal liquide,* que le firmament enserre, décrit les autres jouissances qui charment les immortels, le parfum des fleurs, les extases de la musique :

> Qui aime la musique (ordinaire désir
> Presque des Immortels), il entend à plaisir,
> En extase ravy, cent et cent basses contres,
> Cent tailles, cent dessus, autant de hautes contres,
> Qui chantent fredonnans de leur langue à qui mieux,
> De leurs divines voix, le monarque des Cieux ;
> Il oid rouler les tons, les demi-tons, les feintes,
> Octaves, uni-sons, tierces, quartes et quintes…
> De la harpe en aprés et de tous instrumens,
> De violes et luts, il a le passe-tems…

J'ai omis toute une dissertation, qui intéresserait les archéologues de la musique, sur la *Quinte Gregeoise* ou *Diapente.* Gamon est ensuite pris à partie pour avoir dit que le firmament est une nuée, une vapeur, et pour avoir nié que Platon ait eu l'intuition des formes célestes ; — ces formes, il y en a

> Autant que d'Orléans la forêt a de fueilles,
> L'Olympe de flambeaux, la Beausse de moissons…

Les hommes très saints peuvent seuls avoir commerce avec ces intelligences divines. Rivière a connu un de ces élus, bien supérieur au vieillard qui apparut à Claudien, dans son parterre de Vérone, ou même à l'anachorète que Palingene avait rencontré sur la cime du Soracte :

> Dessus un aspre mont, n'ayant ne bois ne chesnes,
> Nommé Valerien, près le bourg de Suresnes,
> Un hermite ainsi seul, dedans un petit toit,
> Clos et fermé de murs, naguères habitoit,
> Où quarante moissons après neuf a contees,
> Vivant austerement des choses luy portees,
> Qui etoit un peu d'eau et de pain chaque jour,
> Qu'on luy administrait par le moyen d'un tour.

Après avoir comparé les merveilles du monde aux merveilles célestes, — celles-ci étant comme le développement et la suprême expression de celles-là, — Rivière invective encore Gamon, qui prétend que les astres sont mobiles, errent dans le ciel ; Gamon était beaucoup plus fort en cosmographie que son adversaire, il avait eu l'idée, deux siècles à l'avance, de la belle ode de Malfilâtre, *le Soleil fixe au milieu des planètes* ; — ce qui ne l'empêche pas de s'entendre dire :

> Tu suis la vérité comme les Puritains
> De si prés que parfois tu lui roms ses patins…
> Mais tu as mieux aimé le Germain imiter
> Qui fait croupir les cieux et la terre volter…

Le Germain, c'est toujours Copernic. — Par ce dernier argument, Rivière a terminé son ouvrage ; il se félicite de l'avoir mené à bonne fin, il remercie Dieu, puis, selon le vieil usage, il s'adresse à son livre :

> Va cependant, mon livre, et cour en divers lieux
> Au hazard de la dent de beaucoup d'envieux,
> Fuy tous ces malveillans, leurs langues et langages,
> Recherche les pieux et sçavans personnages…
> Des autres ne te chaille, et te ry des brocars
> Du populaire lourd et de bien faire echars[57]…
> Va donc heureux, mon fils, et vy très longuement ;

> Puis, quand mes os seront hôtes d'un monument,
> Toy vengeur (survivant) de la Parque maligne
> Mon nom par maint endroit de la France provigne.

C'est par ce testament poétique, où perce le vif amour de la France — que Goujet lui-même a remarqué — que je prendrai congé de Rivière et de son œuvre. Le meilleur moyen de faire connaître, je n'ose dire de faire goûter celle-ci, n'était-il pas de l'analyser patiemment, surtout dans ses parties originales, relevant les vers heureux, les expressions pittoresques, les allusions bretonnes ? Ce n'est pas dans les idées seulement, c'est dans la forme, que Rivière est un disciple enthousiaste de l'auteur de la *Sepmaine,* et il a encore exagéré les défauts de cette poésie *polytechnique*[58] ; comme Du Bartas, il a voulu forcer la Muse à pénétrer les secrets de la Nature, à revêtir ce vêtement scientifique qui l'étreint et l'étouffe ; pas plus que son maître, il n'a, malgré d'heureuses rencontres, réussi dans cette haute tâche, et n'a gagné le droit de s'écrier avec Lucrèce[59] :

> … Obscurâ de re tam lucida pango
> Carmina, musæo contingens cuncta lepore.

APPENDICE.

Cette notice était achevée, lorsque M. Saulnier, conseiller à la Cour d'Appel de Rennes et président de la Société Archéologique d'Ille-et-Vilaine, a bien voulu me communiquer quelques actes intéressant Rivière, qu'il a recueillis au cours d'un dépouillement des archives de l'État civil de Rennes.

Il résulte de ces pièces qu'Alexandre *de Rivière* (c'est bien ainsi qu'il s'appelait, quoique les listes imprimées du Parlement portent de la Rivière) a été pourvu de l'office de Conseiller non originaire au Parlement de Bretagne, par lettres de provision du 4 décembre 1585, en remplacement de René Breslay, décédé, mais qu'il n'a été reçu à l'exercice de sa charge que le 5 mars 1588 ; que pendant les troubles qui suivirent la mort de Henri III, il a siégé au Parlement royaliste, son nom figurant aux assemblées générales de 1590, 1591, 1592 ; et qu'il a été du nombre des magistrats qui restèrent fidèles à la fortune de Henri IV (cette fidélité et cet attachement éclatent en plusieurs endroits de son poème, notamment à la fin des livres V et VIII). Vers la fin de 1617, il céda son office à Antoine Barillon, qui fut pourvu à sa place par lettres de provision du 5 janvier 1618, et reçu le 15 mars 1619. Il semble avoir joué, comme magistrat, un rôle très effacé.

Les alliances de Rivière sont bretonnes, et le rattachent tout à fait à la Bretagne. Il se maria deux fois, à Rennes, épousant en premières noces (juillet ou août 1603) demoiselle Thomase de Panard, dame de Forges, et en secondes noces (vers 1607 ou 1608), Elisabeth de Costeblanche, qui lui survécut. Il eut de son premier mariage une fille, Catherine, qui épousa, en Saint-Germain de Rennes, le 27 septembre 1620, messire Jean de la Sauldraye, président aux requêtes du Parlement de

Bretagne ; de son deuxième mariage, deux filles, Renée, baptisée le 8 avril 1609, Elisabeth, baptisée le 17 mai 1610, mariée à Pierre Gouyon, sieur de la Raimbaudière[60]. Cette dernière alliance est mentionnée par M. Pol de Courcy. Une sœur de Rivière épousa un sieur Michaël de Rochemaillet ; nous en avons la preuve dans les pièces de vers qui précèdent le *Zodiac poétique,* et dont plusieurs émanent de M. Michaël de Rochemaillet, qui s'intitule fils de la sœur de l'auteur[61].

Ces considérations de famille se joignent aux raisons littéraires pour faire d'Alexandre de Rivière, en dépit de son origine parisienne, un poète breton.

OLIVIER DE GOURCUFF.

PAUL HAY DU CHASTELET

DE L'ACADÉMIE FRANÇAISE
(1561-1618)

Du Chastelet est surtout connu comme prosateur et comme polémiste. Maître des requêtes, puis conseiller d'État, il publia un grand nombre d'apologies politiques en faveur du cardinal de Richelieu : pendant toute la seconde partie de sa carrière, il fut au nombre de ces champions alertes et vigoureux dont les piquantes brochures allaient trouver jusqu'au fond de leur retraite de Bruxelles, les partisans de la reine-mère et de Gaston d'Orléans. De tous ces écrits, l'apologie de la condamnation du maréchal de Marillac est le plus important : mais le plus vif, celui qui permet le mieux de constater chez Paul du Chastelet un tempérament de journaliste très accentué, est la préface qu'il écrivit pour le *Recueil de pièces historiques*, auquel répondit si acrimonieusement Mathieu de Mourgues, l'abbé de Saint-Germain. Cette préface justifie très honorablement l'admission de du Chastelet parmi les fondateurs de l'Académie française. J'ai étudié ailleurs et analysé à loisir tous ces écrits de polémique[62]. J'en dirai donc ici peu de chose. Ce que je veux surtout rechercher, ce sont les traces de la carrière poétique, beaucoup moins connue, du magistrat breton ; car du Chastelet fut aussi poète : poète latin et poète français ; et ses vers furent encore plus vigoureux que sa prose. Ils devaient même porter de si terribles coups, que l'anonyme masqua prudemment leur origine. Il en est résulté de fausses attributions qui ont fait oublier que du Chastelet fut l'un des meilleurs héritiers de Régnier et le prédécesseur de Boileau dans la satire. Le *Recueil de Sercy* a publié sa meilleure pièce sous le nom de Théophile, et la plus mordante a pris place dans les recueils de mazarinades, bien que l'auteur fût mort quinze ans avant la Fronde.

Je ne m'étendrai pas longuement sur la biographie du poète : je ne pourrais que répéter les pages que je lui ai consacrées dans la *Bretagne à l'Académie française* : mais je la compléterai par quelques renseignements que le hasard, ou mieux, la bonne fortune, providence des érudits et des simples chercheurs, m'a procurés depuis la dernière édition de cet ouvrage : je citerai en particulier des vers latins et français que je ne connaissais pas encore et qui mettront mieux en relief le talent poétique du polémiste attitré du grand cardinal.

Paul Hay du Chastelet naquit au mois de novembre 1592, de Daniel, lieutenant civil, criminel et de police à Laval, puis intendant de la maison du duc de la Trémouille, baron de Vitré, et de Gilette de Pélineuc. Cousin des Hay des Nétumières et membre d'une vieille famille parlementaire bretonne que Du Paz citait déjà avec honneur dans ses généalogies des illustres maisons de la province, il prétendit un jour démontrer que ses ancêtres remontaient au paysan du nom de Hay que le roi d'Écosse Kenneth anoblit en 980, après la bataille de la Tay, contre les Danois. Quelques années plus tard, Colbert voulut aussi se forger une descendance écossaise. C'était la mode au XVIIe siècle. Il est pourtant vraisemblable que les Hay de Slade, autre famille bretonne, peuvent revendiquer cette origine. Ils portent, comme ceux d'Écosse, des armoiries *à trois écussons* avec simple renversement de couleur, tandis que les Hay des Nétumières et du Chastelet portent *de sable au lion morné d'argent*. Quoi qu'il en soit, ces derniers avaient déjà le droit, au XVIIe siècle, de se qualifier d'ancienne extraction. Notre poète était bien gentilhomme et des meilleurs de

Bretagne. La terre du Chastelet, dont il portait le nom, est située dans la paroisse de Balazé, à une lieue au nord de Vitré, et le château en est encore habité par les Hay des Nétumières.

Paul du Chastelet fit de bonnes études à Paris où il fut envoyé, avec deux de ses frères, sous la direction d'un vieux chanoine manceau, dont M. l'abbé Esnault a bien voulu me communiquer un curieux journal inédit rempli de détails sur les jeunes gens confiés à ses soins. Il ne s'imaginait sans doute pas élever deux futurs membres de l'Académie française.

Conseiller au Parlement de Bretagne en 1616, à l'âge de vingt-quatre ans, Paul du Chastelet fut nommé en 1618 avocat général près de la même cour et s'y distingua tellement par sa verve oratoire que Louis XIII le choisit, en 1621, pour l'accompagner dans son voyage de Guyenne et pour organiser le nouveau Parlement de Pau, délicate mission en pays révolté. Le roi le récompensa en le gratifiant d'une charge de maître des requêtes, dans laquelle il fut reçu le 3 avril 1623.

Le *Ducatiana* prétend qu'il fut obligé de quitter ses fonctions d'avocat général « pour quelque affront qu'il reçut à cause de ses plaidoyers trop satiriques, » et Mathieu de Mourgues a écrit dans un de ses plus virulents pamphlets : « Il a fait autrefois l'office d'avocat général dans un parlement : il y convertissait le barreau en théâtre de charlatan : ses plaidoyers n'étaient que des satires ; elles firent fondre sur lui une grêle de coups de bâtons qui ne le rendirent pas plus sage, mais l'obligèrent de quitter son pays pour venir raffiner sa malice dans la cour... » Ce langage est celui d'un ennemi, et d'un ennemi acharné poursuivi jusque dans ses derniers retranchements. Il ne faut donc pas le prendre à la lettre : mais il y a peut-être quelque chose de vrai dans le fond. Du Chastelet avait naturellement l'esprit vif, satirique et mordant. C'est lui, pour ne citer qu'un exemple de ses saillies, qui traduisait par : « Je suis gueux, mais c'est de race, » l'épigraphe *In fundulo, sed avito*, que son collègue Turcan avait fait mettre sur la porte de sa maison, et que Musset, de sa plume élégante, a transformée en :

> Mon verre n'est pas grand, mais je bois dans mon verre.

Richelieu venait précisément, en 1623, de recevoir le chapeau de cardinal et préparait son entrée définitive au ministère. Il reconnut immédiatement quels services cet esprit bien dirigé pouvait rendre à sa cause, et résolut de l'attacher plus spécialement à sa personne. Il craignait peut-être pour lui-même sa verve caustique ; il préféra s'en servir pour combattre ses nombreux ennemis ; et du Chastelet, qui entrevit dans cette situation un avenir de faveurs et de dignités, s'empressa d'acquiescer aux désirs du ministre. Au bout de quelques années il devint son apologiste en titre.

Ce ne fut cependant pas en abdiquant toute indépendance. Du Chastelet se permettait souvent de combattre les idées de son maître. À l'époque du procès Bouteville, il composa en faveur des accusés un factum qui fut trouvé très hardi. Ceci se passait en 1627. — Vous voulez donc, lui dit Richelieu, condamner la justice du roi. — Pardonnez-moi, répliqua du Chastelet, je veux justifier sa miséricorde, s'il a la bonté d'en user envers un des plus vaillants hommes de son royaume.

Quelques années plus tard, comme il assistait M. de Saint-Preuil qui sollicitait la grâce du duc de Montmorency : — Je pense, lui dit le roi, que M. du Chastelet voudrait avoir perdu un bras pour sauver le coupable. — Je voudrais, sire, répondit le maître des requêtes, les avoir perdus tous deux, car ils sont inutiles à votre service, et en avoir sauvé un qui vous a gagné des batailles et qui vous en gagnerait encore.

Voilà l'homme. Ces traits n'ont jamais été contestés depuis Pellisson qui se trouve d'accord avec le médisant Tallemant des Réaux. Aussi pouvons-nous affirmer, lorsque nous trouvons du Chastelet jouant un rôle actif dans le procès de Chalais ou dans celui de Marillac, qu'il n'agissait pas en courtisan et qu'il n'écoutait que sa conscience.

Mais nous n'avons pas le loisir de relater ici ces procès. Il est temps d'arriver aux poésies.

Aussi rampant adulateur que vif et piquant railleur, dit l'historien Le Vassor, un des ennemis les plus acharnés du maître des requêtes, Chastelet faisait souvent des satires et les lisait à Richelieu pour divertir Son Éminence. Celle dont voici le préambule et qui a pour titre : *Sur la diverse humeur et fortune des hommes*, fut sans doute de ce nombre : elle est signée du célèbre Théophile dans le recueil de Sercy, mais ce recueil parut longtemps après la mort des deux poètes et tous les contemporains s'accordent à la donner à du Chastelet :

> Sous un calme trompeur, le monde a mille écueils.
> Ses doux embrassemens, ses faciles accueils
> Sont les liens dorés de notre servitude ;
> Bienheureux est celui qui dans la solitude
> Admire la grandeur des cèdres seulement,
> Ne voit que des saisons l'aimable changement,
> Et couché sur le sein des innocentes herbes
> N'adore point le seuil de ces portes superbes
> D'un cabinet gratté d'un tas de mécontens
> Qui perdent à la fin les ongles et le tems.
> Plus haut que le soleil notre assurance habite
> Ce qui se meut sous lui, par le sort se limite ;
> Le hasard est plus fort que n'est le jugement,
> Rien ne s'y peut former que par le changement ;
> Et vous seul, ô Seigneur, avez la connoissance
> De l'ouvrage naissant de vostre Providence ;
> Nos esprits par les sens sont tousjours empeschés ;
> L'erreur et le désir aux hommes attachés,
> Dans ce cercle infini ne trouvent point d'issue ;
> Peu de gens ont le fruict, et tout le monde sue...

Ce début est plein de promesses : la manière en est large, et l'on y reconnaît l'école de Malherbe. Plusieurs vers sont fort bien frappés :

> Plus haut que le soleil notre assurance habite,

est d'une facture noble et magistrale. On remarquera aussi cette comparaison sur les généreuses illusions de la jeunesse :

> Le fleuve le plus grand fait-il voir en sa source
> Tout le bien et le mal que doit faire sa course ?

> Tirsis ne voit-il pas que les tygres naissans
> Autant que les agneaux paroissent innocens ?
> De tous commencemens la douceur est si grande
> Qu'il faut qu'à leurs attraits un jeune homme se rende…

Mais bientôt, emporté par les sens,

> des voluptez complices
> Il suit l'ambition, le luxe et les délices ;
> Il suit de la raison les cruels ennemis,
> *Serpens qui font mourir les hommes endormis.*

Voilà encore un vers à retenir : et j'en pourrais citer beaucoup d'autres parmi les deux cent quatre-vingts qui composent cette satire. Le tableau de la vieillesse misérable de l'homme vicieux est particulièrement énergique :

> L'impuissante chaleur du feu qu'il a nourry
> Croist et ne paroist plus dedans ce bois pourry.
> Il se trouve accablé de foiblesse et d'années ;
> Il voit ses actions et ses mœurs condamnées ;
> Il voit sa lâcheté qui souffrit que ses sens
> Sur sa propre raison devinssent tout puissans :
> Il est sans gouvernail, sans rames et sans voiles :
> Des nuages épais lui cachent les étoiles :
> Il est enseveli d'une telle vigueur
> Qu'il ne voit plus le ciel que des yeux de la peur…

Il pense aux anciennes joies, aux anciennes maîtresses :

> Sa vieille passion de misère suivie
> L'attaque bien souvent de quelque souvenir.
> *Mais le temps écoulé ne peut plus revenir.*

Lorsque l'on compare cette poésie mâle et franche avec celle de la plupart des contemporains envahie par le maniérisme et l'afféterie, on se prend à regretter vivement que du Chastelet ne nous ait pas laissé plus d'ouvrages. On n'était pas habitué à ce ton en 1627. Malherbe était sur le point de mourir : Maynard et Racan, héritiers directs de ses leçons, continuaient les saines traditions de son style, et Godeau se préparait à les suivre ; mais les fadeurs de l'Astrée et surtout les antithèses des Italiens commençaient à amollir les vers : les concetti s'introduisaient peu à peu dans la place et tous les lecteurs allaient bientôt se pâmer d'aise devant la *métamorphose des yeux de Philis en astres.* Du Chastelet n'en a que plus de mérite à nos yeux d'avoir su résister à cet entraînement. Écoutez encore cette description de la cour :

> Quelqu'autre, ensorcelé des charmes de la cour,
> Quitte de ses parens l'agréable séjour,
> Abandonne les lieux où le sort l'a fait naître ;
> Sa liberté le fâche, il veut avoir un maître
> Et sortir du repos pour entrer dans le bruit,
> Où le vice peut tout et le mérite nuit ;
> Où la vertu d'un siècle en un autre est un crime,
> Où chacun à son tour comme vague s'opprime,
> Où mentir est un art, où l'infidélité
> A de plus beaux autels que n'a la vérité,
> Où le plus offensé fait la meilleure mine
> Pour cacher sa colère à celui qui domine ;
> Où l'homme impatient de savoir l'avenir
> Dans un état présent ne se peut contenir.
> Il dévore le temps et commençant l'année
> En désire déjà la dernière journée.
> Combien de soins cuisans dévorent ses esprits
> Combien de repentirs du dessein qu'il a pris
> Le veulent ramener à la douceur champêtre,
> Bien loin des vanités dont il se faut repaistre ?
> Mais le regret du temps et du bien dépensé
> Le rengage toujours au travail commencé…

Il faudrait tout citer : mais je ne retiens que ce dernier vers qui aurait dû passer en proverbe :

Nous voyons peu de gens à l'épreuve du Louvre.

On peut regretter çà et là dans cette longue pièce quelques expressions autorisées par Régnier ; mais le ton général en est excellent et témoigne chez du Chastelet d'un véritable tempérament de poète.

L'année 1631, celle de la *Journée des dupes*, est celle aussi de la plus grande production littéraire de du Chastelet. L'année précédente, ayant accompagné Richelieu dans l'expédition d'Italie, en qualité d'intendant des armées de Savoie et de Piémont, il avait composé, à l'imitation d'Antoine Arnaud, *la première et seconde Savoisienne.* En 1631, il débute par ces piquants *Entretiens des Champs-Élysées* où nous entendons le bon Henri IV affirmer qu'il était résolu de faire Richelieu cardinal, et qu'il l'eût mis dans les affaires, *s'il eût vécu plus longtemps* : puis nous rencontrons cette fameuse prose rimée contre les Marillac et la comtesse de Fargis, qui suscita tant de polémiques acerbes contre son auteur :

> Venite ad solemnia,
> Faciamus præconia,
> Dum nobis rident omnia.

> Una turris tenet illum
> Qui opprimebat pusillum
> Quando tenebat sigillum.

> Quantum flevit Carmelita,
> Tantum risit Jesuita,
> Cum captus est hypocrita.
> . . . .

Cela est lestement enlevé : il y a malheureusement plusieurs strophes que Tallemant des Réaux seul pourrait citer textuellement, et, bien que le latin brave l'honnêteté, nous ne pouvons les reproduire ici : mieux vaut les laisser dans le *Journal de Richelieu* et parler d'une petite satire de cinquante vers français intitulée : *Advis aux absens de la cour*, dont le titre fait assez connaître contre quels personnages ses coups sont dirigés. Les principaux partisans de la reine-mère et de Monsieur avaient suivi les exilés à Bruxelles et ce sont eux que Paul du Chastelet crible de ses traits satiriques. En voici les derniers vers :

> Gaston, c'est trop courir, revenez au logis
> >   Tout droit à Montargis,
> Et ne prétendez plus que l'empire et l'Espagne
> >   Puissent rien en Champaigne ;
> Vous avez fait assez le chevalier errant
> >   Avecques Puylorant.
> Ô mère des trois rois, puissante Épiphanie,
> >   Pourquoi t'es-tu bannie ?…

Cette comparaison de Marie de Médicis à l'Épiphanie, parce qu'elle était mère et belle-mère de trois rois, eut le don d'exercer la verve des libellistes de Bruxelles, et Mathieu de Morgues, dans la *Vérité défendue*, se permet d'appeler l'*Advis* « une puante satyre. » Mal lui en prit, car le *Discours au roy touchant les libelles faits contre le gouvernement de son État* ; — et *L'innocence justifiée en l'administration des affaires* ; — deux brochures de du Chastelet, vinrent, en même temps que l'*Avertissement aux provinces et le Coup d'État de Louis XIII*, de Jean de Sirmond[63], asséner de formidables coups aux rebelles.

Ici doit se placer un épisode inédit qui témoigne une fois de plus de l'indépendance d'esprit de Paul du Chastelet, malgré ses apologies répétées de la politique de Richelieu. C'est la satire contre Laffemas. J'emploie l'expression d'épisode inédit, parce que personne à ma connaissance ne l'a signalé et parce que tout le monde s'est trompé au sujet de cette pièce. Il y a ici un point d'histoire à éclaircir, et la matière mérite considération. Je le résumerai d'après un mémoire intitulé : *une Fausse Mazarinade,* que j'ai publié dans le *Moniteur du Bibliophile,* en 1881.

M. Moreau, dans son *Choix de Mazarinades,* a inséré, sous la date du 15 novembre 1650, une pièce intitulée : *Apologie pour Malefas,* vigoureuse satire, supérieure à presque toutes celles du recueil, et qui commence ainsi :

> Escoute, Malefas ; il faut que je te die
> Que tu nous dois la farce après la comédie,
> Et que cette jument, du coup qu'elle a tiré
> Vengera le cheval du baron de Ciré,
> Ce grand cheval de Mars qui donna tant de joye
> Aux peuples assemblés dans les places de Troye,
> Et qui fut au timon d'un sale tombereau
> Pour conduire au marché la fiente et le bourreau.

J'expliquerai bientôt ce que signifient ces bizarres allusions : mais je dois tout d'abord observer que M. Moreau écrit en note du titre : « Malefas est Isaac de Laffemas, l'auteur du *Frondeur désintéressé* qui précède. L'*Apologie* a été composée par Paul Hay, marquis du Chastelet. »

On connaît assez le maître des requêtes Isaac de Laffemas, le célèbre bourreau si dévoué au premier cardinal : je juge donc inutile de le présenter aux lecteurs : il partage avec Laubardemont une renommée peu enviable de cruauté systématique dont nous aurons tout à l'heure des preuves authentiques. Je ne conteste pas qu'il ait écrit, en 1650, une pièce intitulée : le *Frondeur désintéressé* : mais je tiens pour certain que Paul du Chastelet, simple seigneur et non pas marquis du Chastelet, dont la terre fut seulement érigée en marquisat pour son fils, en 1682, n'a pu, étant mort en 1636, composer une *Apologie* pour répondre à ce *Frondeur*. Par conséquent, le dilemne suivant se pose : ou bien la date assignée à l'*Apologie* est fausse, ou bien il ne faut pas l'attribuer à Paul du Chastelet.

Je remarquerai d'abord que cette pièce ne peut être classée à priori parmi les nombreuses répliques au *Frondeur désintéressé*, car elle n'y fait pas la moindre allusion. C'est une satire très violente contre Laffemas, et voilà tout. Il y est question du chevalier de Jars :

> Il chante les frayeurs du chevalier de Jars
> Et jure à ses amis par le vin qu'il leur donne
> Que jamais son advis n'eslargira personne…

et M. Moreau observe en note que le chevalier, depuis commandeur de Jars, avait été compris dans le procès de Cinq-Mars. Mais cela ne prouve rien en faveur de sa thèse puisque le procès de Cinq-Mars est de cinq ans postérieur à la mort de du Chastelet. Il eût fallu remonter plus haut. Laffemas, en effet, s'était occupé du chevalier de Jars longtemps auparavant, à l'époque de la disgrâce du garde des sceaux Châteauneuf, qui fut remplacé par Pierre Séguier, en 1633[64]. On conserve à la Bibliothèque nationale, dans le portefeuille Séguier, une correspondance très active à ce sujet ; et dans une lettre du 5 novembre 1633, Laffemas se plaint amèrement au garde des sceaux de la récusation que le chevalier a exercée contre lui. Voilà bien Laffemas en présence du chevalier de Jars, du vivant de Paul du Chastelet : c'est pour nous un point de repère.

Or, Pellisson, après avoir cité, dans son histoire de la première académie, l'*Advis aux absens de la cour*, dit qu'il a encore vu de Paul du Chastelet « une autre satyre cruelle et sanglante contre un magistrat, sous le nom de ***. » Aucun biographe n'a deviné le nom caché par Pellisson sous ces trois étoiles, mais Tallemant des Réaux, dans l'historiette de Laffemas, nous l'a dévoilé. « Chastellet, dit-il, est celuy qui luy a fait le plus de mal : car on a une satyre de luy contre Laffemas qui est sanglante, et il y a pourtant des endroits plaisans. Il insiste sur sa comédie et ses cruautés... On se mocque, dans cette satyre, de Chastellet, de ce qu'il condamna le cheval de bataille du baron de Sire à tirer le tombereau dans lequel estoit l'effigie de son maître. »

Cette fois, nous y sommes, car on a compris maintenant les allusions des premiers vers de l'*Apologie*. Voici du reste un document fort curieux qui va confirmer notre thèse. C'est la chronique de cette condamnation étrange du cheval du baron de Cirey, écrite par Laffemas lui-même dans une lettre à Séguier, datée du 20 mars 1633 :

« Pour vous rendre compte de ce qui se faist en cette province (*de Champagne*), disait-il, je vous diray que j'ay instruit force contumaces contre plusieurs gentilshommes assez qualifiez, qui sont bien convaincus d'avoir levé des troupes, rançonné les subjects du Roy et porté les armes contre Sa Majesté à la bataille de Castelnaudary (où le duc de Montmorency fut arresté prisonnier), et je croy que dans mercredy prochain ils seront jugez. *Nous pourrons avoir des supplices différens, encore que tout aille à la mort,* pour ce qu'il faut augmenter la payne de ceux qui ont faist les levées, presté leurs maisons et soustrait les autres de l'obéissance qu'ils doibvent au Roy… J'ay desjà fait plus de 60 décrets de prise de corps qui estonnent toute la province, et vous puis dire que j'ai fait de si puissantes informations que la preuve ne nous manquera point. J'ay fait prendre neuf chevaux sur le baron de Cirey, entre lesquels est son cheval de bataille, sur lequel il estoit monté à la prise de M. de Montmorency. Nous avions proposé de le mettre à la charrette de l'exécuteur qui conduira les tableaux ; toutefois, pour ne rien faire d'extraordinaire, nous y penserons auparavant… »

Habemus confitentem reum, comme on dit au palais. On ne s'étonnera pas, après cela, de rencontrer les vers suivants dans la prétendue *Apologie*, ainsi intitulée par antiphrase :

> Dehors il est hautain, sévère et glorieux.
> La morgue en est tragique et le front furieux.
> Il remplit l'univers d'eschaffauts et de roues.
> Son plaisir est d'abattre, et de voir dans les boues
> Tout ce que le destin a fait de plus puissant.
> Ce sacre est bien appris à voler l'innocent ;

> Le sang est son ragoust, et les yeux pleins de larmes,
> Pour d'autres que pour luy n'ont jamais eu de charmes.

De tout ceci résulte qu'il faut absolument rayer cette pièce du recueil des *Mazarinades*. Elle n'a pu être composée que de 1633 à 1636, alors que personne ne pouvait soupçonner la rapide élévation de Mazarin qui n'était encore qu'un très petit personnage. Bien plus, elle fut écrite par un ministériel inféodé à la politique de Richelieu, mais que révoltaient les excès sanguinaires de Laffemas. C'est une satire personnelle et non pas une œuvre d'opposition politique. Elle nous confirme de plus l'indépendance réelle du caractère de du Chastelet au milieu de la cour subjuguée du Palais Cardinal.

À l'époque où il composa cette satire, notre poète venait de passer par des épreuves toutes particulières.

S'étant fait récuser comme juge, vers la fin du procès du maréchal de Marillac, à cause de sa prose rimée, il avait encouru la disgrâce plus apparente que réelle du cardinal, et s'était vu emprisonner lui-même puis exiler à Villepreux, ce qui l'avait forcé de donner sa démission de maître des requêtes. Sur toute cette affaire qui a été fort diversement appréciée, j'ai récemment découvert une page inédite fort curieuse dans les mémoires de Conrart : elle ne serait pas à sa place ici, mais elle prouve encore que le caractère de du Chastelet ne s'est jamais démenti. Pendant sa prison, il composa des *Observations sur la vie et la mort de Marillac* qui lui valurent une éclatante rentrée en grâce avec un poste de conseiller d'État. Comme un courtisan, rapporte Conrart,

« le blâmait de sa légèreté et trouvoit à dire qu'il écrivoit pour la défense d'une cause qu'il avoit tesmoigné condamner n'en voulant pas être juge, il luy respondit qu'il y avoit bien de la différence à condamner un homme que l'on ne croit pas coupable, ou de justifier sa condamnation quand elle a esté faite par un nombre compétent de juges que l'on doit présumer gens de probité[65]… »

Au moment où il endossait la robe de conseiller d'État, du Chastelet prenait rang parmi les amis de Conrart pour fonder l'Académie française où il prononça, le 5 janvier 1635, un discours sur l'*Éloquence* qui n'a malheureusement pas été conservé. Il ne devait pas en prononcer beaucoup d'autres, car peu près avoir publié la remarquable préface de son *Recueil de diverses pièces pour servir à l'histoire,* il mourut le 6 avril 1636, à l'armée de Champagne où il avait accompagné le cardinal en qualité d'intendant de justice. Il n'était âgé que de quarante-trois ans.

Nous n'avons pas retrouvé d'autre pièce de poésie française de Paul du Chastelet que les trois satires précédemment citées : mais la prose rimée n'est pas sa seule composition latine. Dans l'*Epicinia musarum Eminentissimo Cardinali Duci Richelio* publié par Boisrobert, en 1634, en l'honneur du premier ministre, on remarque deux morceaux de ton très différent dus à la plume de notre conseiller d'État. Le premier est une *Épigramme* en douze distiques *De puero Privatensi e sinu interfectæ matris erepto et summo studio Cardinalis de Richelieu ad educandum tradito.* Le second est une *soteria* en vingt-huit vers *pro Richelio Eminentissimo*. Ces deux chants ne feront pas oublier ceux d'Horace ni d'Ovide ; on en jugera pas leurs chutes :

> O quam fausta tuis prospexit rebus eumdem
> > Quæ tibi, quae Gallis sors dedit una patrem !

—

> Albo dignus erit dies lapillo
> Et nullis sacer ex obiit annis
> Qui tantum eripuit neci ministrum
> Et regno columen decusque reddit.

Il faut conclure.

Dans l'une des séances du mois de février 1638, l'Académie française plaça les œuvres de Paul du Chastelet dans les catalogues des livres les plus célèbres de notre langue, dont les passages seraient pris comme citation dans le fameux dictionnaire. Ainsi, remarque M. Villemain, les empereurs romains devenaient des dieux après leur trépas.

Il s'agissait surtout de ses œuvres de prose : mais ses vers n'étaient pas indignes de cet honneur. En poésie, du Chastelet a de la verve, mais aussi de l'ampleur : s'il manie volontiers le langage trivial, il sait, quand il le faut, parler avec noblesse, et lorsque l'on compare ses vers avec la plupart de ceux de ses contemporains, on regrette qu'il ne se soit pas livré plus complètement au démon poétique. Il eût comblé la trop longue lacune qui sépare Régnier de Furetière.

Du Chastelet laissa deux fils, dont l'un, nommé Paul comme lui, s'est fait un certain renom littéraire. Les

Observations sur la vie du maréchal d'Ornano, le mémoire sur l'*Éducation du Dauphin* et surtout le traité de *la Politique de France,* lui assurent une place distinguée dans la république des lettres. Il faut aussi lui restituer l'*Histoire de du Guesclin,* que la plupart des biographes persistent, bien à tort, à attribuer à son père. *Cuique suum.* Mais ce qui doit intéresser le plus une anthologie des poètes bretons, c'est que Paul II publia vers 1666 un volume de vers. Une lettre inédite de Chapelain adressée à l'abbé de Francheville parle avec grand éloge de ce volume que nous n'avons encore jamais pu rencontrer et dont nous ne connaissons même pas le titre exact. Nous convions à sa recherche tous les curieux d'histoire littéraire bretonne.

RENÉ KERVILER.

RENÉ GENTILHOMME

SIEUR DE L'ESPINE

NÉ AU CROISIC EN 1610, MORT À SUCÉ EN 1671[66]

GENTILHOMME seulement par son nom plébéien ce poète croisicais naquit et mourut dans la religion réformée, si tant est qu'une religion ait jamais eu grande part à une vie d'aventures singulières. À vingt-cinq ans, page de la maison de Gaston d'Orléans, il vivait près de ce prince dans ce château de Blois, enlaidi à plaisir par Monsieur. C'est là que le poète, le *vates*, se révèle. Un dauphin est pêché dans la Loire ; René de l'Espine le présente à son maître, en lui prédisant que cet animal est la preuve péremptoire qu'on verra naître un dauphin fils du roi. Deux ans plus tard, la foudre frappe le dôme du château, illuminant une couronne royale et ne touchant pas une couronne ducale qui ornaient la toiture : nouvelle vaticination. René récite, quitte à se faire mal venir de son patron, un poème où se trouvent ces vers :

> Là, le foudre frappant la couronne royale,
> Sans briser ni brusler la couronne ducale,
> À mon esprit de feu fait voir très clairement,
> MONSIEVR, que vous serez un grand duc seulement ;
> Qu'en jouant vous perdrez un royal héritage.
> Contre cent mille escus cent mille vers je gage,
> Et veux bien qu'Astaroth par le col soit pendu,
> Si je n'ai moins gaigné que vous n'avez perdu.

Là-dessus, notre poète prophétisant se fait graver un portrait par Dupré, orné d'épigraphes en vers latins par le professeur de philosophie L. Scotus, en vers français de Jehan de Meschinot. Colin, un docteur en droit canon, y ajoute ce distique, où il joue sur le nom patronymique de Gentilhomme :

> Hic regum vatem spectas, natumque Tonantis.
> Quis vatem simili nobilitate dabit ?

Une pléiade de poétereaux bretons lui envoient des brevets d'immortalité. L'un d'eux lui dit, après avoir parlé de la sibylle de Cumes :

> Illa deum cecinit, regem prædixit et ille.

Un autre, jouant toujours sur son nom, l'appelle *Nobilis Armoricus* ; un troisième enfin lui envoie un sonnet en latin, le premier que j'aie rencontré.

La prédiction se trouva vraie et ne fut pas faite après coup, car le portrait de R. de l'Espine est authentiquement daté de 1637. Cette prophétie n'était pas faite pour plaire à Gaston ; mais quelque chose qui dut lui déplaire davantage, c'est que son jeune officier sut se faire aimer de Louison Roger, grisette à la mode qui embellissait les loisirs de Monsieur, lorsqu'il séjournait à Tours. Sans Richelieu, notre Croisicais eût été tué net. Le prince l'avait demandé ; le roi y inclinait. Le poète se sauve, envoie, d'Étampes, un billet à sa belle qu'il fait disgracier. Il arrive en Hollande, où il se fait choyer comme poète et comme homme à la mode. Il se fait recevoir chez la reine de Bohême, et séduit sa fille Louise. Ce nom lui portait malheur. Le prince d'Orange le protégeait ; mais les frères de la princesse l'insultent et le font assassiner. Tallemant des Réaux[67], qui a écorché son nom, le tue tout à fait de cette affaire. Mais de l'Espine ressuscite si bien qu'il a encore trente ans à vivre. On le perd de vue. La pauvre Louison, convertie, est devenue supérieure de la Visitation de Tours ; la princesse Louise, devenue catholique et ayant changé de vie aussi bien que de religion, est abbesse de Maubuisson ; et René écrit des vers en l'honneur des grands seigneurs, briguant çà et là quelques dons en retour. C'est ainsi que tantôt il fait en vers des portraits de marquises, et que tantôt il remercie la reine Christine ; pour un peu plus, il l'eût félicitée du drame de Fontainebleau. Ce remerciement se termine assez heureusement par un jeu de mots sur le nom du poète :

> On verra les mortels, en dépit de l'envie,
> Lire sur mon tombeau qu'estant près de mourir,
> Vos royalles bontés me donnèrent la vie,
> Et que, par un doux sort, vous fistes refleurir
>
> L'Espine.

Il remplit enfin quelque mince mission diplomatique, puis, courtisan vieilli, poète démodé, René de l'Espine revient au logis paternel. Il fait inscrire sur le mur de sa maison dix hexamètres relatant sa gloire et ses périls ; il intitule le tout : « Renati, Armorici Vatis, domûs eximiæ inscriptio. » Il continues versifier en s'appelant « le poète de France » et en parlant « de sa royale histoire. » Enfin, dans sa vie errante, ayant fait collection de statues, de tableaux, d'intailles, il les explique et en fait un catalogue en vers. Il fait son épitaphe ; et le roi, ayant fait son entrée à Nantes le 1er septembre 1661, il vient en cette ville solliciter la charité du prince. Il se dit mort parce qu'il est pauvre :

> Un poète sans argent est mort,
> Ou tel qu'une frède peinture,
> La triste victime du sort
> Est le rebut de la nature.
> . . . .

> Aspirant à l'honneur d'être de vos suivants,
> Si Votre Majesté le souffre de ce nombre,
> Par un bienheureux sort

> On vous verra, grand roy, donner corps à cette ombre,
> Et prouver aux mortels que ce mort n'est pas mort.

Il paraît que les libéralités de Louis XIV donnèrent dix ans de vie encore au poète, qui, né au bord de la mer, mourut sur les rives de l'Erdre.

La meilleure de toutes ses pièces de vers est un sonnet adressé à un ministre du roi. Il y raconte sommairement son autobiographie, et mendie, il est vrai, mais de façon assez fière. Voici ce sonnet :

> Comte illustre et royal ministre de ce roy,
> Que j'ai prédit trois ans même avant sa naissance,
> Dieu donna par ma voix, pour couronner la foy,
> Le monarque des lys aux saints vœux de la France.
>
> En cent lieux j'ai passé pour prince, et ma science
> M'a sauvé des périls et vaincu tout effroy :
> Vainqueur, j'ai combattu des monstres d'ignorance ;
> En constance et bonheur peu s'esgallent à moy.
>
> Seul et surpris trois fois, j'ai ravy les épées
> De cruels assassins s'estimant des Pompées.
> Du monarque des roys je fus ambassadeur.
>
> Dans les palais dorés je vis libre avec gloire ;
> C'est beaucoup, et c'est peu pour orner mon histoire,
> Si ta main ne me donne et de l'or et ton cœur.

BIBLIOGRAPHIE

« Poesies rares et nouvelles d'auteurs extraordinaires ; à Paris chez Michel Landron, imprimeur dans l'isle du Palais, MDCLXII. »

Il est probable que les premières poésies de l'Espine furent publiées avant la date de 1662. L'in-quarto de 82 pages, que nous citons, contient soixante-cinq pièces de vers latins et français, dont trente-quatre de René de l'Espine. La plupart des autres pièces ont trait au poète Gentilhomme. Le premier recueil de ses poésies formait une plaquette de cinquante pages environ que décrit Chevaye, de Nantes, dans sa correspondance avec Racine fils.

Stéphane Halgan.

RENÉ DE CERIZIERS

(1609-1662)

La vie du Père de Ceriziers, historien, théologien et poète, est assez mal connue. Né à Nantes en 1609, il entra chez les Jésuites, y fut professeur et devint plus tard aumônier et conseiller de Louis XIV ; on croit qu'il mourut en 1662. Il fut en relations avec de grands personnages, le cardinal de Richelieu, « l'intelligence visible de l'Estat, » comme il l'appelle, à qui il dédia sa

« Consolation de la Théologie, » la duchesse d'Aiguillon qui le décida à traduire *les Confessions* de saint Augustin, le maréchal de la Motte-Houdancourt et le comte d'Harcourt, dont il a écrit les éloges. Les notices qu'Ogée (*Dictionnaire de Bretagne*), Guimar (*Annales nantaises*) et M. Miorcec de Kerdanet ont consacrées au Père de Ceriziers sont brèves et incomplètes ; en revanche, celle de M. Weiss, dans la *Biographie universelle*, pourrait bien être trop complète, car elle attribue, sans fondement sérieux, à notre auteur, une tragédie de *Geneviève*, imprimée en 1669. S'il est fort douteux que Cériziers ait composé cette tragédie, on ne peut nier que le sujet lui ait été très familier, car il a donné à cette légende, dès longtemps populaire, sa forme définitive, en écrivant une sorte de roman spirituel, seul ouvrage qui lui ait survécu : l'*Innocence reconnue, ou la vie de sainte Geneviève de Brabant.* (Paris, 1640, très souvent réimprimée.) Berquin, l'*Ami des enfants*, qui, comme l'allemand Tieck et beaucoup d'autres, a chanté les infortunes de Geneviève dans des romances très connues, a rendu pleine justice au petit livre de son devancier, « rempli, a-t-il dit, de morceaux de la simplicité la plus noble et la plus onctueuse. »

Je n'ai pas à m'occuper des écrits en prose, nombreux et variés, de Ceriziers, pas plus du « Tacite François » que de « l'illustre Amalazonte » ; le bon Père n'est que, pour deux de ses ouvrages tributaire de notre Anthologie. Le premier de ces ouvrages est la *Consolation de la Philosophie*, traduite de Boëce, dont la première édition est de 1636, comme le porte l'approbation des docteurs en théologie, et non de 1639, comme l'affirme à tort M. de Kerdanet ; le second a pour titre la *Consolation de la Théologie*, imprimée pour la première fois en 1638, sorte de pastiche en prose et en vers de Boëce, mais, au demeurant, le seul livre de Ceriziers où il y ait des vers originaux.

On a toujours tenu en grande faveur ce chef-d'œuvre de science et de raisonnement, que l'ancien maître du palais de Théodoric composa dans sa prison de Pavie. Traduite en grec par Planude, en anglo-saxon par Alfred le Grand, la *Consolation de la Philosophie* le fut en français du moyen âge par Jean de Meung. Je ne suis pas surpris que cet admirable plaidoyer à l'honneur de la Providence, où Boëce, qui éclaire les maximes de la sagesse antique des lueurs de la religion chrétienne, arrive à trouver la joie au sein même de la souffrance, ait séduit l'âme pieuse et aimante du Père de Ceriziers. Sa traduction, qui paraphrase quelquefois l'original, en rend assez fidèlement la physionomie ; mais quoiqu'elle soit assez coulante et qu'elle se recommande souvent par l'aisance et le naturel, il s'en faut qu'elle justifie les éloges outrés des censeurs : l'un s'écrie « qu'elle n'a pas tant besoin d'approbation que de louanges ; » un autre, renchérissant encore, l'appelle « un chef-d'œuvre de la perfection de notre langue. » — Ce qui nous intéresse davantage, c'est la scrupuleuse exactitude avec laquelle Ceriziers a reproduit les rythmes si variés de l'auteur latin, la concatenation, pour ainsi dire, de ces petits vers dont Théodore Pulmann, dans son traité de la prosodie de Boëce (*de metris Boethianis*), a compté jusqu'à vingt-six espèces différentes. Ce n'est pas pourtant comme exemple de traduction fidèle que je cite la poésie première du livre III :

>   Celui qui veut semer ses champs
>   Pour y faire naistre des gerbes,
> N'y plante point le fer de ses coutres tranchants,
> Qu'il n'en ait arraché la fougère et les herbes ;
>   Le miel est plus délicieux
>   Quand une liqueur bien amère
> Prépare nostre goust à ce boire des Dieux,
> Qui surpasse en douceur le sucre de Madère ;
>   Les astres ont plus de beauté
>   Après le règne des orages ;
> Les lumières du jour ont plus de majesté,
> Lorsque une sombre nuict a chassé ses nuages.

Il y a là un « sucre de Madère » que n'a pas soupçonné Boëce ; mais le tour de force poétique qui suit, trop semblable à ces devises qui s'enroulent autour des mirlitons, est calqué sur le modèle latin :

>   Semblable à ces petits voleurs
>   Qui desrobent aux fleurs
>   Leur douce mane,
>   Le plaisir profane,
>   Offrant ses attraits,
>   Laisse tous ses traits
>   Dedans l'âme
>   Qu'il enflamme,
>   Et pour un peu de miel,
> Dont il flate les cœurs, il les remplit de fiel.

Le Père de Ceriziers, tout admirateur qu'il fût de Boëce, regrettait que ce grand philosophe, si chrétien cependant, n'eût tiré, des souffrances de Jésus-Christ sur la croix et de l'application que chaque fidèle en peut faire à soi-même, aucun de ses motifs de consolation ; c'est précisément pour combler cette lacune, et encouragé sans doute par le succès de sa traduction, qu'il composa *la Consolation de la Théologie*. Il met en scène une des plus illustres victimes de l'injustice des hommes, le pape Célestin V, dont il décrit assez agréablement la retraite :

> Auprès de ce lieu solitaire,
> Serpentent deux petits ruisseaux
> Qui du bransle de leurs roseaux
> Disent aux corbeaux de se taire ;
> Et puis, coulant dans le vaisseau
> D'un marest qui reçoit leur eau,
> Ils flanquent, en faveur des cygnes,
> Le petit fort d'une maison
> Où les glayeux plantez à ligne
> Cachent la mousse et le gazon.

C'est dans cette solitude — pas trop mélancolique, comme on le voit — que la Théologie apparaît à Célestin sous les traits d'une belle dame ; il reconnaît bien vite « qu'elle n'estoit pas une de ces funestes et criminelles beautez qui ne nous découvrent leur esclat que pour nous allumer de leurs flammes. » Un entretien s'engage aussitôt entre les deux personnages ; la Théologie, après avoir chassé d'auprès du pape disgracié Épictète et Sénèque, qu'elle reconnaît « au manteau grec et à la robe romaine, » entreprend de lui persuader que c'est au pied de la croix seulement qu'il trouvera un remède à ses douleurs, que les plaintes des hommes sont injustes, que l'adversité est utile, bienfaisante, en ce qu'elle rapproche l'homme de Dieu ; enfin, que les plus malheureux ont été jugés les plus capables de souffrir et doivent bénir la main qui les frappe. Voyons quel parti poétique Cériziers a tiré de ce sujet peu nouveau, qui est, au fond, une répétition de l'*Évangile* et de l'*Imitation*, et, dans la forme, une imitation, jusques et y compris le dialogue et le mélange de prose et de vers, du livre de Boëce.

Un des arguments mis en avant par les adversaires de la Providence, c'est l'impunité accordée aux méchants ; est-ce donc que, dès cette vie, ils ne sont pas châtiés ?

> Cachez vous au centre du monde,
> Couvrez vous des plus noires nuicts,
> En vain vostre attente se fonde
> Dans l'esloignement des ennuis ;
> Tous vos plaisirs ne sont que verre,
> Vostre fortune est un roseau ;
> Pendant que vous jouez sur terre,
> L'amour vous met au lict et la mort au tombeau.
> Parfois, il semble que le vice
> S'asseure de l'impunité,
> Et que le Ciel se rend complice
> Des excès de l'iniquité ;
> Mais, qui ne sçait que pour résoudre
> Le coup d'un arrest odieux,
> La Justice suspend sa foudre,
> Et, pour mieux l'asséner, qu'elle cligne les yeux ?

Ce dernier trait est d'une trivialité assez puissante : il est digne de l'écrivain qui cingle d'un rude fouet les coquettes, disant que, quand on leur ôte les patins, l'or et la soie qui les parent, quand on leur arrache « cet yvoire qui jaunist dans leur bouche, » elles ne sont plus qu'un reste de femme, « un peu de phlegme caché sous une peau délicate. » Ailleurs, Cériziers a la touche moins âpre, ingénieuse, quand il compare la vie humaine à une musique « où il faut des feintes, des soupirs, des tremblements et des dièzes ; » poétiquement pittoresque, quand il parle de la protection accordée par la Providence aux infiniment petits :

> Qui peut ignorer que l'austruche
> N'a point de cœur pour ses petits,
> Qu'elle abandonne aux appétits
> Du dragon, qui leur fait embusche ;
> Mais qui ne sçait que leur berceau
> Demeure sûr au bord de l'eau,
> Tandis que sa bonté les veille,
> Et que ce nid n'est pas esclos,
> Qu'il vit, qu'il dort et qu'il sommeille,
> Dieu se chargeant du soin d'asseurer son repos.

La bonté de Dieu s'étend encore à d'autres volatiles.

> Aux petits des corbeaux il donne leur pâture.

Mais laissons là ce badinage un peu puéril, cette histoire naturelle sentimentale. Ceriziers élève le ton quand il décrit les joies qui attendent dans l'autre monde ceux qui ont souffert pour la foi. Tout plaît et rit en ce bienheureux séjour :

> Un printemps éternel y fait vivre les roses,
> Les lys et les œillets n'y sont pas d'un matin,
> Une douce chaleur tient leurs fueilles escloses,
> Et leur âge n'a plus ny rides, ny destin.

Voici une touchante effusion de l'âme chrétienne, impatiente d'avoir, elle aussi, son calvaire :

> Douce reine des Cieux, souffrez que je partage
> Les aimables tourmens de vostre aimable fils ;
> L'objet de mes souhaits, l'objet de mon courage
> Est dans le crucifix.

Mettez vostre douleur au fond de ma poitrine,
Gravez dedans mon sein toute la Passion ;
Je meurs de ce désir, cette flamme divine
    Fait mon ambition.

Peut estre, mon Sauveur, estant en cette escole,
Aurai-je le bonheur d'ouïr ce que tu dis
À ce brave larron, dont la seule parole
    S'ouvrit le Paradis.

On sent, dans ces quelques vers, un bel élan d'enthousiasme chrétien, une noble ambition des souffrances du Golgotha ; notre vieil auteur, serrant le crucifix sur sa poitrine, m'a rappelé aussi l'une des pièces les plus pures d'un grand poète moderne.

J'ai eu quelque embarras à trouver dans la *Consolation de la Théologie* un morceau de poésie qui méritât d'être cité tout entier. J'étais rebuté, tantôt par la faiblesse extrême de l'expression, tantôt par une préciosité fatigante, ou par une trivialité excessive, et que je n'ai que timidement indiquée. Enfin, la pièce suivante, qui exhorte les âmes pieuses au mépris des vains avantages du monde, m'a paru assez propre à mettre en lumière l'honnête talent de Ceriziers :

Phantosmes de plaisirs, chimères de nos songes,
Fausses ombres du bien, véritables mensonges,
    Mesnagez vos attraits,
Vous m'offrez sans succez la douceur de ces charmes,
    Qui font rendre les armes
À qui veut recevoir, sans regarder, vos traits.

Quel bien possédez-vous, pour posséder une âme
Qui cherche d'autres biens que le vain ou l'infâme ?
    Produisez vos raisons.
Quelle amorce avez-vous, que voit-on dans le monde

Que l'ordinaire ronde
Du jour et de la nuit, des mois et des saisons ?

Ces monstres de grandeur, cette apparente gloire
Qui nous promet un rang dans la plus vieille histoire,
N'est-ce pas un écueil ?
Soit qu'on couvre nos os ou d'or ou de poussière,
Toute nostre lumière
S'esteint ou ne luit plus dans l'ombre du cercueil.

Qui connoist maintenant ces redoutables princes,
Qui portoient autrefois le bout de leurs provinces
Au bout de l'univers ?
Trois ou quatre morceaux de marbre ou de porphire
Leur donnent un empire
Où leurs membres pourris règnent parmy les vers.

Ce brillant séducteur dont la puissante amorce
Ne trouve point de cœur qu'il n'attire ou ne force,
A-t-il quelque pouvoir
Qui nous soit caution et nous donne assurance
De la belle espérance
Que son esclat trompeur nous a fait concevoir ?

Pour l'infâme plaisir qui rend l'homme idolâtre
D'un peu de vermillon couché dessus du plastre,
Qui n'en sçait le tourment ?
Lors mesme qu'il promet de charmantes délices,
Ce sont de vrais supplices
Qu'il déguise du nom d'un vray contentement.

Misérables mondains, fiez-vous aux caresses
De ces honteux plaisirs qui tentent vos foiblesses,
Suivez leur vain appas.
Ce masque de bonheur qui flatte vostre vie
Vous tire et vous convie,
Vous offrant ses attraits, à de cruels trépas.

Combien voit-on de grands qui traisnent dans la boue,
Combien de puissants rois que la fortune joue,
   Dans sa plus belle humeur !
   . . . .

Quand elle nous fait voir tout l'esclat de sa pompe
Et nous promet ses biens, c'est pour lors qu'elle trompe
   Nostre âme par les yeux ;
Au moment que sa main nous lève de la fange,
   Aussitost elle change
Et nous pousse en enfer en nous montrant les Cieux.

Mon âme, si la foy gouverne ta conduite,
Corrige maintenant l'erreur qui t'a séduite,
   Mets fin à tes malheurs ;
Romps généreusement cette cruelle chaisne,
   Qui te serre et t'entraisne
Dans un gouffre de maux et des torrens de pleurs.

Malgré les beaux vers qui sillonnent cette pièce, je ne sais si elle est bien un morceau d'Anthologie ; mais le dégoût de la vie, l'espoir en Dieu, ce sont de nobles sentiments qu'il m'a plu de montrer exprimés, non sans quelque énergie, par le bon jésuite nantais.

        OLIVIER DE GOURCUFF.

DU BOIS-HUS

C OMBIEN de livres dorment dans la poussière des bibliothèques, qui confirment le vers-proverbe de Terentianus Maurus ! J'en veux rappeler aujourd'hui un des plus curieux et des plus inconnus ; car je compte pour rien la courte et dédaigneuse mention que lui consacre Viollet Le Duc, dans sa *Bibliothèque poétique*. M. Arthur de la Borderie, à qui l'histoire et la littérature bretonnes sont redevables de tant de recherches heureuses, m'a signalé le précieux déshérité, et sa qualité de gentilhomme breton n'a pas été le seul titre du sire du Bois-Hus à notre sympathique indulgence. Il y avait assez de mérite poétique dans les inventions et dans le style de notre brave compatriote, pour qu'il eût droit au laurier posthume que je pose aujourd'hui sur son front.

Le triple poème de Du Bois-Hus est destiné à célébrer l'heureuse venue au monde de Louis xiv. Diverses causes, que l'auteur n'a pas pris soin de nous expliquer, empêchèrent qu'il parût à son heure, et le dauphin avait déjà deux ans et demi, quand le libraire Jean Pasle mit en vente le pompeux récit de sa naissance. Le petit volume, de format in-18, était décoré d'un frontispice, gravé par Masne, dont il n'est pas inutile de donner la description : deux femmes, l'une couronnée et portant un riche manteau semé de dauphins, l'autre vêtue d'une robe couverte d'étoiles, étendent le bras vers un écusson aux armes de Richelieu ; dans la partie inférieure, deux enfants ailés soutiennent un glaive posé sur la banderole où est inscrit le titre. Voici ce titre, tel qu'il se lit, plus au long, à la page suivante : *La Nuict des nuicts, Le jour des jours, Le Miroir du Destin, ou la Nativité du Daufin du Ciel, la Naissance du Daufin de la Terre, et le* Tableau de ses avantures fortunées. Il y a là trois parties bien distinctes, trois poèmes ; mais, ce qui les domine est ce qui surmonte le frontispice, l'apothéose de Richelieu. C'est dans le privilège, daté du 24 août 1640, que nous apprenons le nom de l'auteur ; il nous dira plus tard sa nationalité.

Le discours panégyrique à Richelieu, qui emplit le tiers environ du volume, n'en est pas l'endroit le moins intéressant. On peut trouver que Du Bois-I-lus a épuisé, jusqu'à la satiété, toutes les formules de la flatterie ; mais il ne faut pas oublier qu'il était, comme nous le verrons, attaché à la personne du grand ministre ; la louange est souvent ingénieuse et porte juste, d'ailleurs ; elle va jusqu'à la subtilité dans le catalogue de vertus et d'exploits qu'on pourrait appeler *les litanies du sage* ; mais elle ne sort pas de la mesure, et elle se fait écouter avec plaisir, quand elle félicite Richelieu de porter Louis le Juste à de hauts faits, dignes de son sang et de sa grandeur, et de le faire plus glorieusement régner que « ces princes solitaires, qui, toujours enfermez dans un cabinet, ne voient jamais leur païs que dans la carthe, ne paroissent dans les armées que sur la monnoye qu'on distribue à leurs soldats, et passent le plus beau de leur aage dans une royauté oisive. » Si, après ce premier exemple de justesse dans la pensée et de pittoresque dans l'expression, je cite la phrase suivante, si entachée de préciosité, c'est qu'en expliquant une fois pour toutes le titre du livre, elle met bien en lumière l'antithèse d'où l'auteur a tiré ses plus sûrs effets : « C'est une *nuict* qui donne un sauveur aux hommes, et un jour qui fait naistre un héritier à la France… une *nuict* divine, un *jour* royal… une *nuict,* la plus heureuse des nuicts, un *jour,* le roy de ses frères… » Cette opposition cadencée se poursuit pendant deux pages : Jésus-Christ est né la nuit, le dauphin le jour ; admirable contraste qu'un écrivain, même le moins imbu des doctrines de Marini et de Gongora, n'avait garde de laisser échapper ; Bethléem et le Louvre, les lys et la croix, le poète, de sa plume chrétienne et française ensemble, n'a pas trouvé de plus beau spectacle à placer sous les yeux de Richelieu.

Mon dessein n'est pas de m'étendre sur Du Bois-Hus prosateur ; il me faut résister au désir de citer sa curieuse apostrophe contre La Rochelle, « le donjon de l'infidélité, la royne de la mer, » le dithyrambe à l'honneur de la prise d'Arras, et, après le tableau de la guerre de religion dans le Languedoc et les Cévennes, celui des trophées de la guerre étrangère. Certes, notre auteur glorifie son roi, et Pline, dans le *Panégyrique de Trajan,* n'est pas un flatteur plus empressé, mais il porte aux nues le grand ministre ; tout lui est aisément prétexte à ramener l'éloge de Richelieu, qu'il appelle, à cause de ses victoires, de son influence européenne, de ses projets qui embrassent le monde entier, le *Britannique,* l'*Ibérique,* le *Germanique,* l'*Austrasien,* que sais-je ? le *Persique* et l'*Américain.* Quand on a fait la part de l'exagération, on doit reconnaître que la politique extérieure de Richelieu, la plus grandiose et la plus sagement hardie qui fut jamais, et cette patriotique ambition qui faisait de la France la suzeraine de l'Europe, trouvent ici le plus enthousiaste, mais le plus fidèle des interprètes. Un point qui nous importe, et qui va nous attacher à Du Bois-Hus, c'est de le savoir Breton ; sa sympathie pour son pays natal perce déjà en plus d'un endroit de son *Discours panégyrique*, notamment quand il parle « des expéditions de la Nouvelle-Guinée où les vaisseaux de Bretaigne voyagent tous les jours, aussi chargés de la gloire royale que de leurs propres marchandises ; » mais, vers la fin de son discours, après avoir donné à entendre qu'il est depuis peu au service du cardinal, et nous avoir confié qu'il écrit en dépit de la Faculté et encore sous le coup d'une maladie grave qui « règne impérieusement sur toutes les parties de son corps, » il ne nous laisse pas le moindre doute sur sa nationalité : « C'est une dette que je paye, » s'écrie-t-il, « comme *chrestien*, au protecteur de l'"Église ; comme *François*, au conservateur de cet Estat ; comme *Breton*, au vice-roy défenseur de cet illustre duché, le plus beau fleuron de la Bretagne. » Ce passage est intéressant à un triple point de vue : l'auteur est fier d'être Breton, il appelle Richelieu vice-roi de sa province, et la Bretagne encore un duché, plus de cent ans après l'annexion définitive.

J'arrive à Du Bois-Hus poète ; j'ai, pour citer souvent ses vers, des raisons tirées et de leur valeur, et de l'oubli immérité qui les a frappés ; puissé-je pourtant n'avoir pas trop méconnu cette mesure et cette discrétion dans le choix qui sont, selon Sainte-Beuve, le secret de l'agrément en littérature !

Trois sonnets « à la postérité, » trois tableaux de la sagesse, de la puissance et de la gloire de Louis-le-Juste, précèdent une sorte d'avertissement apologétique, destiné à mettre en garde le lecteur contre les censures malveillantes, « qui sont toujours des pechez contre la Charité quand elles ne le seroient pas contre le jugement » L'auteur donne ensuite des détails sur la composition de ses poèmes : « Je faisois par divertissement la Nativité du Daufin du Ciel, quand celuy de la Terre vint au monde ; j'achevay à la haste ce premier tableau, pour travailler à cette nouvelle peinture » Il ajoute que son ouvrage était composé depuis longtemps, « qu'il a paru publiquement dans une assemblée célèbre, » et que ses amis connaissent seuls les délicats secrets qui en ont retardé la publication. Quoiqu'il vienne un peu hors de saison, peut-être trouvera-t-il encore quelque faveur, puisqu'un si beau sujet, dont se sont emparées des plumes espagnoles, n'a tenté « aucune des illustres et miraculeuses veines de l'Académie. » — En tête de ses trois poèmes, Du Bois-Hus a aussi pris soin de placer des arguments explicatifs. Les deux premiers, *la Nuict des Nuicts et le Jour des Jours*, se subdivisent chacun en deux parties, ainsi dénommées : la *Nativité du Daufin du Ciel ; la France, l'azile et le temple du Daufin du Ciel ; — la Naissance du Daufin de la Terre ; la Beauté de Monseigneur le Daufin et la joye du monde à son arrivée sur la terre*. Partout, dans ces morceaux préparatoires, l'inspiration, chrétienne et française à la fois, de Du Bois-Hus se fait jour ; son zèle pour la religion et la patrie lui dicte de beaux élans ou d'ingénieuses saillies. Après avoir affirmé, — Dieu l'entende ! — que « le Ciel et la France sont de tous temps amis, » il trouve de jolis accents pour louer cette douce France, « la plus belle pièce de l'Europe, où paroissent les beaux naturels, les bons courages et les solides jugements ; où les vieillards sont actifs, les jeunes gens sages, les hommes parfaits ; où les dames sont de belles généreuses ou des sçavants modestes, où les filles sont des amazones ou des Minerves. » Il s'arrête, émerveillé, devant le Louvre et ses jardins, « où de vivantes beautés vont tous les soirs faire honte à celles que la Nature entretient dans les parterres et les allées, » devant la Seine, « qui embrasse visiblement le cœur de cette superbe cité [Paris] et semble estre marrie d'en desloger. » Dans ces phrases, que j'abrège à regret, nous avons, tracée par une main complaisante, une esquisse, qu'on chercherait vainement ailleurs, du Paris de Louis XIII et de Richelieu ; Du Bois-Hus exprime sa joie d'être Français avec une bonne humeur et une bonhomie qui sentent leur Breton d'une lieue ; mais il est temps de le faire connaître comme poète, et, sans m'astreindre à le suivre pas à pas, j'irai glanant dans son œuvre ce qui me semblera mériter d'échapper à l'oubli.

Je suis loin de prétendre que Du Bois-Hus n'ait pas eu les défauts poétiques de son temps : pas plus que ses meilleurs contemporains, il n'a su se préserver du jargon des ruelles, ni de la fausse élégance des *précieuses* que Molière devait vouer à l'immortalité du ridicule. À une époque où l'on écrivait *la Métamorphose des yeux de Philis en astres*, c'était un péché mignon que d'appeler ces pauvres yeux « des archers amoureux » et « de vivants carquois ; » mais je ne pense pas que le Père Le Moyne ou l'abbé Cotin aient imaginé rien de plus étonnant que cette strophe, destinée à peindre l'effet d'un clair d'étoiles dans l'eau :

> L'illustre déesse des mois,
> Quittant son arc et son carquois,
> Descend avec eux [les astres] dedans l'onde ;
> Son croissant est sa barque, où, l'hameçon en main,
> Fait de sa tresse blonde,
> Elle pesche à loisir les perles du Jourdain.

Il serait aisé de continuer cette chasse au mauvais goût dans les vers du poète breton, mais je laisse ce rôle aux *regratteurs de mots*, dont parle Régnier, et, décidé à faire estimer désormais Du Bois-Hus, je me plais à le citer, quand il convie la nature tout entière à fêter la venue du Sauveur :

> Rajeunissez, forests, ruisseaux, plaines, estangs,
> Le soleil est trop proche
> Pour ne pas ramener la beauté du printemps.
>
> Zéphyrs, créateurs des beaux jours,
> Douces haleines des amours,
> Pères mignards de la verdure,
> Souffles délicieux, fils aislez de la Paix,
> Bannissez la froidure
> Qui deffigure icy le Dieu qui vous a faicts.
>
> Cloris, envoyez vos valets
> Couvrir tout de lys et d'œillets,

Faire partout des jours de soye :
Qu'ils peignent sur le front de la terre et de l'eau
Les ris, fils de la joye,
Les aisles d'un Zéphyr serviront de pinceau.

Et vous, oyseaux, luths animez,
Vivants concerts qui me charmez,
Chantres naturels des villages,
Aimables fugitifs, âmes de nos buissons,
Ames de nos rivages,
Venez l'entretenir de vos belles chansons.

On sent déjà le charme naïf de cette poésie. Un peu de préciosité ne messied pas dans l'apostrophe suivante aux fleurs, dont le vif coloris ne peut lutter contre le teint du divin *bambino :*

Petites nymphes des jardins,
Quittez vos nœuds incarnadins,
Vos bas verds et vos juppes jaunes ;
Mourez, jeunes beautez, mettez bas vostre orgueil ;
Tulippes et péaunes,
Quittez vostre escarlatte, habillez-vous de dueil.

Au point de vue historique, les vers suivants, qui veulent montrer l'ancienneté du culte de Jésus dans les Gaules, ne manquent pas d'intérêt :

Devant que Sion eust jamais
Receu du Ciel ce Dieu de paix,
Devant qu'il fust le Dieu de Rome,
Nos Druides desia vivoient selon sa loy,
Et devant qu'il fust homme,
Nos ancestres jadis en avaient fait leur roy.

Devant que Jésus vint des Cieux,
Les oracles de nos ayeux
Nous avaient annoncé sa gloire ;
Il est venu du Ciel plus tard que de leur main,

> Et le Rhosne et le Loire
> L'on plustot adoré que n'a fait le Jourdain.

J'en dis autant de ce souvenir, encore tout vibrant, des Croisades :

> Les Turcs sur leurs propres ramparts,
> Percez à jour de toutes parts,
> Ont adoré nostre victoire ;
> Ils sçavent ce que peut le bras de Godefroy,
> Dont la seule mémoire
> Suffit pour les combattre et leur donner l'effroy.

Du Bois-Hus aborde résolument l'histoire de son temps ; le triomphe de Louis XIII sur l'hérésie lui inspire un vers superbe :

> Une divine haine
> Luy mit l'Eclair aux yeux et la Foudre en la main.

et une strophe d'une beauté à peu près égale, qui débute par la traduction du mot célèbre de César, et finit par un trait d'une familiarité presque sublime :

> Il alla, vit et vainquit tout,
> D'un bout du Loire à l'autre bout,
> Sur la Garonne et sur le Rhosne ;
> Il establissoit mieux chaque église en son lieu,
> Qu'il n'y fondoit son throsne,
> Et suoit moins pour soy qu'il ne suoit pour Dieu.

Cet ordre d'idées religieuses et guerrières porte bonheur à Du Bois-Hus ; il dit encore à Louis XIII, *le soldat de Marie* :

> Allez porter son nom et nos lys en tout lieu.

Le voyage que le roi a fait en Europe, « est une promenade en un bois de lauriers. »

> Vous diriez qu'il n'a fait qu'aller déraciner
>   Une forest de palmes,
> Qui n'avaient des rameaux que pour le couronner.

Y a-t-il donc si loin de ces beaux vers, de ces fiers accents, à la mâle poésie des Malherbe et des Corneille ? Et ce qui double leur prix, c'est qu'au lieu de nous peindre quelque prouesse antique ou légendaire, ils sont taillés en pleine histoire, en pleine gloire française :

> Je le voy couronné d'éclairs,
> Tel qu'est le foudre dans les airs,
> Paroistre au sommet des Sévènes…
>
> Je le voy voler à Cazal,
> Sur les mesmes pas qu'Annibal
> Nous a tracez par ses batailles ;
> Les Alpes sont à nous, cent ramparts sont forcez,
>   Sur ces vastes murailles
> Qui couvrent l'Italie et bornent nos fossez.
>
> Du haut de ces monts sourcilleux,
> Il lance sur ces orgueilleux
> Les François, ces foudres de guerre ;
> La Savoye est en peine, et son duc espagnol
>   Expose à son tonnerre
> Suze et Montmélian, Veillane et Pignerol.

La poésie du XVIIe siècle était une déesse altière, qui ne quittait pas volontiers l'Olympe pour un champ de bataille ; il faut savoir gré au poète breton de lui avoir mis le casque au front et la lance en main. Les vers que j'ai cités évitent le double écueil d'être une gazette rimée ou une amplification mythologique ; le souffle qui les soutient, vraiment poétique et national, les fait comparables à l'ode de Malherbe *au roi Henri allant en Limousin*, et bien supérieurs à la malencontreuse élucubration de Boileau *sur la prise de Namur*. La défaite des Espagnols et des Impériaux, la conquête du duché de Bar, de la Lorraine et de l'Alsace, la prise d'Arras, continuent à exciter la verve belliqueuse de Du Bois-Hus, qui se souvient à propos qu'il est Breton pour dire à l'un des chefs de l'armée :

> Tu recevras enfin de nostre Potentat
>   Cette fameuse espée
> Dont Clisson et Guesclin ont soutenu l'Estat.

L'éloge de Richelieu rayonne tout naturellement au-dessus de ces trophées ; transporté d'enthousiasme, le poète va jusqu'à lui promettre la papauté :

> Le Ciel, qui le destine à gouverner un jour
>   La barque de saint Pierre,
> Luy fait faire sur nous l'essay de son amour.

Dieu a témoigné une bienveillance infinie à Louis XIII en lui donnant un tel ministre, mais il a mis le comble à ses faveurs en lui permettant de revivre en la personne du Dauphin : c'est à cet auguste enfant que Du Bois-Hus consacrera désormais les efforts de sa muse.

Comme Quintilien, qui commence l'éducation de l'orateur dès le sein maternel, notre poète aborde l'enfant royal avant même qu'il soit né ; il n'est pas jusqu'au retard des couches d'Anne d'Autriche qui

ne lui soit un motif détourné de louanges :

> Lors, en sa vivante maison,
> Ce prince, attendant la saison
> Qui doit lui servir de Lucine,
> Semble prendre plaisir à nous faire espérer

> Sa naissance divine,
> Et, pour estre plus cher, se fait plus désirer.

La lune « rouloit le char de son dixiesme mois, » quand l'heureux événement fait enfin éclater des transports universels de joie :

> Rézonnez, clairons et trompettes,
> Tumultueuses voix, remplissez tous les airs ;
> Allez, volez, gazettes,
> Allez, passez les monts et traversez les mers.
>
> Fille de l'esprit et du temps,
> Publique courrière des ans,
> Greffière de la Renommée,
> Agréable entretien des cercles curieux,
> Allez, voix imprimée,
> Publier jour et nuit cet œuvre glorieux.

Les historiens du journal, qui ont suivi pas à pas le développement de ce prodigieux agent de publicité, n'ont pas connu ces ingénieuses appellations de « greffiere de la renommée, » de « voix imprimée, » appliquées sans doute à cette doyenne de la presse française, à la *Gazette de France*, dont Théophraste Renaudot publia, le 30 mai 1631 (dix ans avant le livre qui nous occupe), le premier numéro.

Le dauphin est à peine né, et poètes de composer des vers en son honneur, Français et étrangers — étrangers surtout — de chanter sa jeune gloire sur le luth ou le flageolet. Du Bois-Hus gronde doucement ses compatriotes d'une négligence assez peu explicable, et il est amené, par une transition naturelle, à faire de la langue française le plus noble et le plus délicat éloge :

> Sçavans favoris d'Apollon,
> Divins héritiers de son nom,
> Royale et chère compagnie,
> Poëtes, fils aisnez des Muses que je sers,
> Esprits au beau génie,
> Que tarde vostre humeur à luy faire des vers ?
>
> Je voy voler dedans les mains
> De mille fameux escrivains
> Les éloges de sa naissance,
> Toute sorte d'autheurs lui donnent le bonjour,
> Et les presses de France
> Travaillent jour et nuict à luy faire la cour.
>
> Mais, parmy les civilitez
> Que luy rendent de tous costez
> Les dieux des vers et des harangues,
> Je voy que l'Estranger l'a le plus révéré,
> Et de toutes les langues
> Le François est celuy qui l'a moins honoré.
>
> François, source des mots charmants,
> Chères délices des amants,
> Doux interprète de leurs peines,
> Mignard écoulement de la bouche et du cœur,
> Amour des belles veines
> Que Permesse a remply de sa riche liqueur ;
>
> François, langage harmonieux,
> Complice des secrets des dieux,
> Messager des plus beaux oracles,
> Peux-tu souffrir icy que tes vieux ennemis
> Facent seuls des miracles,
> Et remportent l'honneur qu'on ne doit qu'aux amis ?

Je retiens de ces vers l'ingénieux éloge du doux idiome natal, et de cet art indéfinissable et tout français de dire des riens et d'en faire quelque chose, que notre langue —

toujours un peu *cette gueuse qui fait la fière* dont parle Voltaire — n'avait besoin d'emprunter ni à celle où résonne le *si,* ni à celle que l'abbé Raynal qualifiait « brillante comme l'or et sonore comme l'argent. » Il me faut continuer à suivre Du Bois-Hus en sa vive allure ; à présent, se faisant l'écho des rancunes bretonnes contre le Midi, et appliquant à la littérature ce qu'un de nos romanciers contemporains retrouve plutôt dans l'ordre politique et social, il déplore que les Latins inondent Paris de leurs écrits, et

>Semblent encor vouloir triompher des Gaulois ;

il adjure les poètes, ses compatriotes, de se piquer d'honneur dans un sujet qui intéresse au plus haut point l'amour-propre national. Ne laissez pas — leur crie-t-il — un si rare et fécond sujet inspirer des Latins, « enfler des veines espagnoles ; » et hardiment, avec un bonheur d'expression que soutient une conviction sincère, il dit ce qu'il a sur le cœur à ces Français, hommes de génie ou de talent, qui enjolivent des phrases et riment des bouquets à *Chloris,* au lieu de s'abandonner au saint enthousiasme de la poésie héroïque et nationale :

>S'il falloit parler de Chloris,
>Louer son œillade ou son ris,
>Faire un sonnet de confidence,
>Méditer un adieu, rimer pour un balet,
>Pleurer pour une absence,
>Discourir sur des yeux, ou peindre un bracelet ;
>
>S'il falloit nouer des cheveux,

    Faire une ode, adresser des vœux
    Louer un teint d'un vers fantasque,
Resver sur le tourment d'un amoureux transy,
    Composer pour un masque,
Présenter une rose, un œillet, un soucy ;

    Ou bien sur l'aisle des zéphirs
    Envoyer de secrets soupirs
    A quelque beauté périssable,
L'entretenir souvent de regrets bien rimez,
    L'appeler adorable,
Faire voir sous son nom des ennuys imprimez ;

    . . . .
Vous verriez ces esprits, ravis de ces projets,
    D'une veine idolâtre
Chérir la vanité de ces foibles sujets ;

    On verroit tous les cabinets
    Tapissez d'amoureux sonnets,
    D'épigrammes et d'élégies,
Les theatres hantez rendroient les yeux contens,
    Et leurs douces magies
Fourniroient tous les jours de nouveaux passe-temps ;

    Ces ruisseaux maintenant taris
    Rempliroient alors tout Paris
    De l'eau de leur divine source ;
Mille jeunes esprits, mille canaux divers,
    Multipliant sa course,
Rouleroient à la cour un déluge de vers.

    Que de vieux mots congédiez,
    Que de discours étudiez,
Que d'art, que d'ordre et de justesse,
Que de riches lueurs, que d'aimables langueurs,
    Que de délicatesse,
Feroit naistre le dieu qui gouverne leurs cœurs !

Tout, dans cette longue citation qu'il n'eût tenu qu'à moi d'étendre encore, est aussi bien dit que pensé ; ou sourit à cette beauté périssable sous le nom de qui circulent « des ennuys imprimez ; » on salue dans « les vieux mots congédiez » les dernières épaves de la langue de Ronsard, proscrite par Malherbe. Je ne puis m'attarder à relever tant de tours ingénieux, de termes bien choisis, le mot de « magie, » par exemple, appliqué au théâtre. Mais il importe de signaler que ces strophes inconnues renferment une vraie leçon de critique littéraire, une satire, aussi judicieuse que courageuse, des rimeurs de ruelles, des auteurs de madrigaux ou de *bergeries*. On était alors, malgré la merveille du *Cid*, au plus fort de la vogue de l'hôtel de Rambouillet ; le goût s'épurait, la langue se perfectionnait, mais l'inspiration mâle et forte s'énervait aux langoureux accents des Racan et des Segrais, des Voiture et des Malleville ; les poètes de la *Guirlande de Julie* méritaient qu'on les réveillât de leur douce torpeur en leur venant dire (avec une intention meilleure que l'expression) :

> La France, depuis tant de mois,
> Attend qu'une des belles voix
> Dont elle adore la musique,
> Espousant l'intérêt de ses félicitez,
> D'une veine héroïque,
> En porte la nouvelle à toutes ses citez.
> Paris a tant d'esprits…
> Qui rempliraient le monde
> De l'esclat de son nom et du bruist de leurs vers.

Mais Du Bois-Hus craint que son zèle poético-patriotique ne l'ait entraîné un peu loin ; il souhaite simplement que les poètes avec la plume, comme les guerriers avec l'épée, célèbrent la bienvenue du dauphin ; malgré sa petite incartade, il est plein de respect pour les beaux esprits, ses maîtres, à qui il doit ce qu'il sait :

>C'est de vostre puissant secours
>Que j'attens mes plus beaux discours,
>Chères muses, françoises fées,
>Et vous, juges sçavans de mes premiers travaux,
>Pardon, divins Orphées,
>Je vous veux pour tuteurs et non pas pour rivaux.

Après cette digression, Du Bois-Hus reprend l'encensoir un moment quitté. Il veut que la nature *des rives prochaines* se mette en fête pour la venue élu dauphin ; il évoque, non sans charme, les nymphes et les dryades, habitantes de la campagne parisienne :

>Allez, nymphes de nos prairies,
>Pillez tous les jardins, cueillez tous les thrésors
>Des campagnes fleuries,
>Et faictes de vos fleurs un lict ; à ce beau corps.

>Belle hostesse de Saint-Germain,
>Flore, apportez à pleine main
>La moisson de ces belles choses ;
>Despouillez les valons, n'espargnez point les lys,
>N'espargnez ; point les roses.

>Bois de Meudon et de Limours.
>Douces retraites des Amours,
>Chargez de présents vos Dryades,
>Et vous, charmant Ruel, sejour d'un demy dieu,
>Envoyez vos nayades
>Porter des fruits meuris aux yeux de Richelieu.

La brusque apparition du fort peu idyllique Richelieu met en fuite les naïades, et me gâte ce frais et champêtre tableau, paysage parisien que dore un soleil d'automne et qu'encadre la Seine, assez ingénieusement nommée « une liquide couleuvre. » Bienheureuse la Seine, où l'on a puisé l'eau du baptême royal, heureuse à rendre jaloux la Loire, le Rhône et la Garonne. Nouveau Du Bellay, notre poète saisit l'occasion d'appeler « mon Loire, » le premier de ces fleuves ; la strophe suivante, toute redondante d'emphase castillane, à l'air d'un regard jeté vers le sol natal, et pourrait bien indiquer que Du Bois-Hus était sinon Nantais, au moins originaire de cette partie restreinte de la Bretagne que baigne la Loire :

> Si *mon Loire* estoit destiné
> Pour un employ si fortuné,
> Son cours prendroit des routes neufves ;
> L'Anjou verroit bientost son grand canal tary,
> Et Tours et *Nantes* veufves
> Pleureroient le départ de leur ancien mary.

D'ailleurs, en pareille occurrence, le Rhône et le *fleuve gascon*

> laisseroient orphelines
> Lyon, Arles, Thoulouse, Avignon et Bordeaux.

Dans l'hymne de joie qui continue et qui prend les proportions d'une interminable antienne, il y a des traits heureux et de jolis vers, mais aussi bien des redites et des fadaises et une persistance d'adulation qui, à la longue, devient impatientante. Je relève au passage des images d'un charme naïf qui font pressentir La Fontaine :

Le Plaisir aux yeux amoureux
A quitté les isles des songes.

Les tristes fourriers des hyvers
N'osent marquer dans l'univers
Les logis au roy de la glace.

Mais je n'ai pas le courage de suivre l'auteur dans cette vraie « île des Plaisirs, » où coulent des sources de lait et des ruisseaux de vin, où les nymphes écrivent sur l'eau les chiffres du dauphin et du roi où les satyres de *plomb peint* dansent la sarabande ; encore moins entrerai-je sur ses pas dans le palais où les trois Grâces, transformées en fées pour la circonstance, répandent sur le berceau royal un flot de faveurs et de bénédictions. Le mot de Gaston, frère de Louis XIII, qui trouvait au dauphin le front du roi et la bouche de la reine, a pu plaire en son temps et faire pousser des ha ! aux courtisans ; mais c'est vraiment passer la mesure que d'employer cent vers à le paraphraser. Quoique les langes du petit Louis XIV soient faits de drapeaux pris à l'ennemi et que les meubles qui l'entourent *sentent moins l'ambre que la poudre à canon,* on respire une odeur écœurante sous ces lambris dorés, et il fait bon ouvrir un peu la fenêtre, dût-on ne contempler, au lieu de la campagne fleurie, que le parc de Saint-Germain, où les illuminations, « les artificieux flambeaux, » « les étoiles de l'art » (comme les appelle notre poète), rivalisent de clarté avec les astres du ciel. Du Bois-Hus est un flatteur assez maladroit, ses compliments à tour de bras ont la lourdeur du *pavé de l'ours* ; il se guinde et se morfond dans cette atmosphère factice de la cour, où se meuvent si à l'aise les souples et mielleux Italiens. Combien je préfère notre digne compatriote, quand il fait trêve à ses louanges de commande et jette un bref coup d'œil sur le théâtre de la guerre, sur le Rhin que nos soldats venaient de traverser :

> Longueville a franchi ses redoutables bords,
> Et deja nos tonnerres
> Font rouler dans son sein moins de flots que de morts.

Voilà Du Bois-Hus lui-même, et tel que je l'aime ; cette bouffée guerrière, cette brusque échappée sur un champ de bataille, lui font pardonner bien des fadeurs ; les Bretons — qui songe à s'en plaindre ? — ont toujours été de médiocres courtisans.

Je serai sobre d'extraits du troisième et dernier poème de Du Bois-Hus, qui a pour titre : *Le Miroir du Destin*. Après avoir épuisé toutes les formes de l'éloge, l'auteur n'a plus qu'à lire l'avenir, il tire l'horoscope du dauphin. Il bâtit tout un château… en Espagne sur les instincts belliqueux qu'il prête au petit prince, sur les hasards d'une ressemblance, sur une rencontre fortuite d'événements ; il lui prédit notamment l'empire de la mer, parce que sa naissance a coïncide avec la destruction d'une fiotte ennemie. Comme le dormeur des *Mille et une Nuits*, notre poète semble souvent rêver tout éveillé ; et il a fait lui-même le procès aux écarts de son imagination, en se moquant de ces astrologues « qui prennent sur un berceau de deux pieds, comme sur un plan asseuré, toutes les mesures de la gloire d'un monarque. »

Le Miroir du Destin est écrit en strophes de dix vers, un vers de huit syllabes venant rompre la monotonie de quatre alexandrins consécutifs ; Du Bois-Hus, qui a choisi ce mètre nouveau, comme plus pompeux sans doute et plus majestueux, n'a pas pris garde qu'il est assez lourd à manier, et que, pour forte qu'elle soit, l'expression a souvent peine à le soutenir. Les maîtres du rythme, de Ronsard à Malherbe, de J.-B. Rousseau à Hugo, ont évité l'emploi de cette strophe pesante, qui, loin de donner du relief à la pensée, l'emprisonne et l'étouffe. — De la très longue invocation à la France, qui ouvre le poème, je détache cette stance haute en couleur :

>   Le seul règne de ton Louys
> A fait voir icy bas le siècle des merveilles,
> Et ses rares vertus, qui n'ont point de pareilles,
> Tiennent de leur esclat les peuples esblouys ;
> Trente ans de royauté luy font trente ans de gloire ;
>   Quand il l'ordonne, la Victoire
> Porte fidellement son nom de toutes parts,
> Et dessous son portrait deja l'Europe admire
> De voir estropiez les aigles de l'Empire,
> Les lions espagnols, les anglois leopards.

Après ces deux vers moulés d'un seul jet et d'une facture superbe,

> Les fils des grands héros naissent dessus les palmes,
> Et leurs langes se font de pièces d'estendars,

je rappelle ce vœu d'un bon royaliste :

> Cessez, siècles futurs, de vous plaindre du sort,
> Des daufins éternels vous donneront des princes,
> Et le sang de Bourbon régira vos provinces,
> Malgré la faux du temps et les lois de la mort.

Du Bois-Hus promet à Louis XIV la conquête de l'Europe… au moins ; l'heureux souverain enchaînera les fleuves, l'Oder, le Tage, la Tamise, ce Danube « jadis françois », que voici fort pittoresquement dépeint :

> Cette longue couleuvre d'eau,
> Qui sort toujours du flanc des plaines forestières,
> Dont le corps tortueux chargé de cent rivières,
> Décharge au Pont-Euxin son liquide fardeau,
> Ce fleuve dont le cours dévore tant de fleuves
> Et fait tant de provinces veuves,
> Emportant leurs maris dans un gouffre commun,
> Qui naist Luthérien, meurt Turc, vit Catholique,
> Et, contre le devoir d'un sage domestique,
> Change trois fois de maistre et n'en retient pas un ;
>
> Ce voyageur si merveilleux,
> Qui, demeurant toujours au lieu de sa naissance,
> Sans quitter le berceau de sa première enfance,
> Mesure cent païs de son pas orgueilleux,
> Voit Souabe et Bavière, Austriche, Hongrie et Dace,
> Se laissant tout où son eau passe,
> Petit nain en géant de luy mesme croissant,
> Et déguisant son nom depuis la Bulgarie,
> Luy mesme son chemin et son hostellerie,
> Ne repose jamais qu'en la mer du Croissant.

Cette description si imagée, où des traits de mauvais goût ne gâtent pas un ensemble ingénieusement observé, ce curieux exemple de naïveté précieuse, auraient droit de nous arrêter ; mais le poète nous entraîne. Quel vaste champ il ouvre aux exploits futurs de son roi ! Ce n'est pas l'Italie seulement, ce ne sont pas l'Espagne et l'Empire qui mettront leurs couronnes à ses pieds,

> Il va briser les fers de la Grèce captive…
> Le Croissant a pasly voyant son galion…

> Il va planter les lys au sein de l'Idumée…
> Les Tritons estrangers adorent son trident,
> Et les vieilles échos des masures de Troye,
> Répétant les beaux cris de France et de Montjoye,
> Font hommage à leur mode au Dieu de l'Occident.

En même temps qu'il promène un regard sur l'Ilion d'Homère, vers ces champs *ubi Troja fuit, Du* Bois-Hus n'a-t-il pas ici comme un ressouvenir et une ambition nouvelle de ces merveilleuses aventures, de ces Croisades, où l'héroïsme chrétien et français fit ses premières armes ? La même ardeur généreuse perce dans cet imaginaire récit de la prise de Constantinople :

> Ce cœur, aussi noble que grand,
> Va menacer Stamboul, il campe, il l'environne,
> Il canonne ses murs, il la foudroie, il tonne,
> Il renverse, il ruine, il l'emporte, il la prend,
> Il arbore la croix et les drappeaux de France
> Sur les bastions de Bysance ;
> Il fait mordre la terre à ce donjon d'orgueil ;
> La mer ne roule plus que des ondes sanglantes,
> La terre n'a plus rien que des maisons fumantes,
> Et cette grande ville est son propre cercueil.

Osons l'avouer, ce morceau est d'un vrai poète ; l'accent y est tout moderne et national, sans aucun mélange de fatras mythologique ; notre littérature du XVIIe siècle, qui s'en tenait aux exploits des Alaric et des Childebrand, et ne concevait pas *le passage du Rhin* sans accompagnement des divinités de la fable, offre peu de strophes héroïques d'un souffle aussi soutenu ; rien ne manque à cette poésie guerrière, ni la foi, ni la fougue, ni même le cliquetis des mots qui semble un cliquetis d'armes. Je fermerais ici le livre de Du Bois-Hus, après avoir cité ce vers tout cornélien, qui est un souvenir et une espérance :

> La cause de la France est la cause des Cieux ;

je le laisserais entraîner Louis à de nouvelles et chimériques victoires, si je ne tenais à le montrer reprenant sa musette bretonne, descendu de ces hauteurs où sa vive imagination l'a transporté, et demandant au roi, avec une bonhomie pleine de charme, quelque faveur pour son premier ouvrage :

> Chérissez les essais d'une plume naissante,
> Quoique muse champestre elle est assez charmante,
> Et n'entend pas si mal la langue de la cour ;
> On souffre à Sainct-Germain le thym avec les roses,
> Ses eaux, mères des belles choses,
> Y nourrissent les lys sans bannir le cresson ;
> Et si mes premiers vers ne sont pas des plus dignes,
> Souvent on se plaist moins à la voix des vieux cignes,
> Qu'aux airs d'un rossignol qui fait vivre un buisson.

Ce tour aisé, presque enjoué, rappelle Horace et fait penser à La Fontaine ; mais, à la cour, notre chanteur aura vite perdu ses qualités natives, s'il ne s'est pénétré du sage précepte de Quintilien : *Musa illa pastorales non forum modo, verum etiam urbem* reformidat.

J'ai fait bien des citations de Du Bois-Hus ; c'est encore par une citation que je terminerai cette étude. D'une touche légère et fine, avec une aimable candeur, le poète a porté ce jugement sur lui-même : « Si ma plume n'a pas toute la justesse qu'on apprend de l'estude, je peux dire avecque franchise qu'elle a les bonnes inclinations qu'on reçoit de la naissance ; elle a quelque peu de naturel, si elle n'a pas assez d'art et de mode ; et si elle n'est pas assez heureuse pour parestre tout à fait belle, je croy qu'elle ne sera pas si disgraciée qu'on la juge tout à fait désagréable. » C'est là le ton de la bonne compagnie, et de cette littérature aristocratique qui n'a jamais cessé d'avoir, en France, d'illustres ou d'ingénieux représentants.

Je ne sais si j'aurai fait goûter Du Bois-Hus à quelques lecteurs ; je m'applaudis, quant à moi, *et comme Français et comme Breton*, de l'avoir exhumé.

Les recherches que mon érudit confrère, M. S. de la Nicollière-Teijeiro, a bien voulu faire dans les archives municipales de Nantes, jointes aux renseignements que M. F. Saulnier a extraits à mon intention des registres de l'ancien parlement de Rennes, m'ont permis d'arriver, sur la famille du poète Du Bois-Hus, aux conclusions suivantes :

La famille Hus ou Hux était bien bretonne, et, selon toute apparence, originaire du pays nantais. Nous en suivons la trace, dans diverses paroisses de Nantes, dès 1496, et pendant toute la durée du XVIe siècle. Gabriel Hux, qui, dans un acte de 1582, se qualifie seigneur de la Bouchetière, fut d'abord receveur des décimes de Vannes, trésorier des États de Bretagne, puis désigné par Henri IV pour les fonctions de maire de Nantes, qu'il remplit de 1599 à 1601 ; sa femme, Catherine Hennier, vivait encore en 1611. Il eut plusieurs enfants, dont Audart Hus, né à Nantes, le 8 septembre 1577, marié à Bonne Le Lou, fille de Michel Le Lou, sieur du Breil, maire de cette ville. Audart ou Oudart fut pourvu, par lettres du 17 novembre 1605, de l'office de conseiller non originaire au parlement de Bretagne, reçu à l'exercice de sa charge le 1er novembre 1606 ; il avait été auparavant conseiller au présidial de Nantes ; après avoir été présenté à l'église des Grands-Carmes de Rennes, son corps fut transféré dans sa ville natale. Il prenait, en 1619, le nom d'Oudart Hus, *sieur du Boys, conseiller du roi en sa cour de parlement*, et cela, dans un acte (paroisse Saint-Saturnin, de Nantes), où son fils Yves Hus, encore enfant, est parrain. On peut croire que cet Yves Hus est notre poète, dont le livre était écrit plusieurs années avant 1640, date où il le publia, a moins de supposer qu'il entra dans les ordres et fut Gabriel Hus, conseiller et aumônier de Monsieur, frère du roi, enterré aux Pères Minimes de Nantes, le 6 décembre 1647. Une troisième hypothèse en ferait un Oudart Hus, sieur du Boys, écuyer, qui eut de sa femme, Marie de Santo-Domingo, deux enfants, baptisés en Saint-Vincent de Nantes, en 1648 et 1649. Si le poète ne nous avait pas caché son prénom, nous serions fixés ; mais un fait reste constant, c'est son origine nantaise, que quelques-uns de ses vers nous avaient fait entrevoir.

Voici, d'après le *Livre doré de la ville de Nantes*, de MM. de la Nicollière et A. Perthuis, la reproduction des armoiries de Gabriel Hus ou Hux, le maire de Nantes ; nous devons la communication du bois original à l'obligeance de M. Perthuis.

OLIVIER DE GOURCUFF

PHILIPPE LE NOIR

SIEUR DE CREVAIN

(Dates inconnues)

L'ANCIENNE famille des Le Noir, probablement originaire du comté de Léon, était une de ces nobles familles, assez rares en Bretagne, qui embrassèrent de bonne heure le protestantisme et persévérèrent dans leur foi. André Le Noir fut pasteur à Blain, Guy Le Noir à la Roche-Bernard ; ce dernier était le père de Philippe, qui suivit les traces de ses ancêtres. On ignore le lieu et la date exacte de sa naissance ; on sait seulement que, choisi, en 1651, pour desservir l'église réformée de Blain, il se maria le 26 mai de l'année suivante. La première édition de l'*Emmanuel*, ou *Paraphrase évangélique*, poème certainement écrit dans une parfaite tranquillité d'esprit, est de 1658. De mauvais jours recommencèrent un peu plus tard pour les protestants ; le roi leur interdit l'exercice de leur religion, et fit démolir leurs temples en Bretagne, notamment ceux de Sion et de Blain. C'est au cours de ces temps difficiles, en 1683, que Philippe Le Noir, classant des notes, assemblant des documents, rédigea son « Histoire du Calvinisme en Bretagne, » restée manuscrite à la Bibliothèque publique de Rennes, jusqu'en 1851 ; elle fut alors imprimée par les soins de M. le pasteur Vaurigaud. Cet ouvrage, très intéressant pour les annales de la Réforme, et écrit avec une modération qui honore son auteur, a inspiré au bénédictin Dom Charles Taillandier un éloge qu'ont reproduit les biographes de Le Noir : « À l'entêtement près qu'il montre partout pour sa secte, c'est un homme de bonne foi, qui raconte sans passion, et qui expose les faits tels qu'il les trouve consignés dans les mémoires qu'il suit. » Les dernières années de Philippe Le Noir ne furent pas heureuses ; ayant enfreint l'édit du roi qui défendait aux ministres protestants de recevoir aux offices ou prêches aucun nouveau converti au catholicisme, il fut dénoncé et condamné à être emprisonné à Nantes. Il évita l'effet de cette condamnation en s'expatriant ; il se réfugia en Hollande, fort âgé déjà, et y mourut. Pas plus que celle de sa naissance, on n'a pu découvrir la date de sa mort.

Le poème d'*Emmanuel,* qui n'eut pas moins de six éditions au XVIIe siècle (les deux dernières ont été imprimées par Louis Vendosme, à Paris, et par René Péan, à Saumur), et que l'on rééditait encore, selon l'abbé Goujet ; au début du siècle suivant, ce poème n'a pas grandes prétentions à l'originalité. Philippe Le Noir ne se donne guère que comme un simple traducteur, et, dans le fait, il se borne presque toujours à paraphraser fidèlement le *Nouveau Testament,* les *Actes des Apôtres,* les *Épîtres de saint Paul,* l'*Apocalypse*. Il faut le regretter : toutes les fois que notre auteur est *lui,* qu'il ne s'astreint pas à suivre servilement un inimitable et insaisissable modèle, il a une sincérité qui plaît, parfois une bonhomie qui charme. Ne lui demandez pas ces élans inspirés, de ces coups d'ailes vers l'infini qui, dans un sujet analogue, élèvent et transportent la grande âme de Klopstock ; à défaut de la « majesté » que

M. Vaurigaud a cherchée en vain dans les vers de Le Noir, « la simplicité, la naïveté du style, » qu'il lui accorde, ont bien quelque mérite. On ne regrette pas trop, en vérité, de s'être armé de courage, et d'avoir lu, d'un bout a l'autre, ces dix mille vers que l'éditeur de 1664 appelle « un très petit nombre ; » *o sancta simplicitas!* Et puis, à la lecture des passages originaux, on se sent pris de sympathie pour l'homme modéré et bon, pour le ministre d'une religion « qui s'est gardé scrupuleusement de ne choquer l'autre religion, afin que tous les chrestiens, sans distinction, puissent venir apprendre en son livre, non pas l'art de disputer, mais la science salutaire d'adorer Jésus. » Le Noir s'est tenu parole ; il n'y a pas un mot, dans son poème, dont puisse s'alarmer le catholique le plus rigoureux. L'approbation de tous les honnêtes gens dut être plus flatteuse pour cet homme dont la touchante modestie éclate dans son épître dédicatoire à Mme Marguerite de Rohan, que les louanges hyperboliques d'un ami complaisant, qui le comparait à Raphaël, et que celles de De Cran Henriet, qui disait, en d'assez bons termes :

> Le Ciel nous est ouvert pour aller à la gloire,
> Le Noir nous y conduit par un chemin de fleurs ;
> Il excelle au Parnasse ainsi que dans les temples ;
> Par son *Emanuel* il corrige nos mœurs,
> Ainsi que fait Rohan par ses rares exemples.

L'*Emanuel* est divisé en quinze chants ; voici, sous une forme très brève, de l'invention de l'auteur ou d'un de ses éditeurs, l'argument de chacun de ces chants : I. Jésus naissant. — II. Jésus enfant. — III. Jésus installé. — IV.

Jésus preschant. — V. Jésus allégorisant ou proposant des similitudes. — VI. Jésus tout-puissant sur la nature, contre la mort et contre le diable. — VII. Jésus guérissant. — VIII. Jésus disputant. — IX. Jésus conversant. — X. Jésus prophétisant. — XI. Jésus célébrant. — XII. Jésus consolant. — XIII. Jésus souffrant. — XIV. Jésus ressuscité. — XV. Jésus triomphant. L'éditeur prend soin de nous dire que les sujets des dixième et quinzième chants sont « les plus riches et les plus poétiques ; » j'attribue cette remarque à l'éditeur, car Le Noir était trop modeste pour donner ouvertement la préférence aux parties de son poème où il a le plus inventé, où son imagination s'est parfois donné carrière. Dans le premier des chants cités, il y a un tableau des révolutions du monde, des malheurs et des gloires de la chrétienté, qui ne manque pas d'une certaine grandeur : dans une amplification qui rappelle le récit d'Anchise, levant, aux yeux d'Énée, le voile qui recouvre les destinées de Rome, nous voyons défiler tour à tour Titus et Constantin, Charlemagne et les Croisades. Un véritable souffle poétique anime et soutient tout le quinzième chant. Quoique l'effort se trahisse souvent dans les vers de Le Noir, ils ne sont pas ici trop au-dessous des merveilles qu'ils décrivent. Les bienheureux entonnent des cantiques d'allégresse, la Jérusalem céleste ouvre ses perspectives infinies, le char de Jésus triomphant étale ses splendeurs orientales. À défaut de génie ou même d'un grand talent, il fallait une émotion profonde, une ardeur de foi surhumaine, pour ne pas demeurer écrasé sous le poids d'un tel sujet.

Le vol de l'aigle, de Dante ou de Hugo se soutient seul à ces hauteurs ; j'épargnerai à Philippe Le Noir une louange maladroite, quoiqu'il ait précisément décrit l'aigle en assez beaux vers :

> Comme le roy volant des habitants de l'air,
> Dont l'œil peut regarder le soleil et l'éclair,
> Après avoir fondu sur une riche proye
> Qu'il déchire à loisir, qu'il dévore avec joye,
> Après s'estre repeu des restes de la mort,
> S'élance fortement et se donne l'essort ;
> Son plumage étendu se dérobe à la veüe,
> Et monte dans les airs au dessus de la nüe. (Ch. XV.)

Voilà une comparaison ; elles portent bonheur à notre poète, surtout celles qui, faisant diversion aux admirables paraboles évangéliques, empruntent à la peinture des mœurs du temps, à des souvenirs de l'auteur, un charme naïf, une saveur piquante. J'ai relevé au passage, et suis heureux de reproduire deux de ces comparaisons ; la première nous attendrit presque sur le sort d'un criminel repentant, (*honest murderer*, dirait Shakspeare) :

> Ne vistes-vous jamais un pauvre criminel,
> À la mort condamné par arrest solennel,
> Et que l'exécuteur de la haute justice
> Traîne d'un noir cachot dans le lieu du supplice ?
> Dans un si grand mal-heur qui le va poursuivant,
> Il ne sçait s'il est mort, ou bien s'il est vivant ;
> De deux costez divers il sent son âme atteinte,
> Son cœur ne sent pas moins le désir que la crainte ;
> Il craint d'aller mourir, et désire ardemment
> D'avoir déjà passé ce funeste moment ;
> S'il s'est bien repenty, la tristesse et la joye
> Sont deux mers, où son âme et se plonge et se noye ;

Il est triste d'aller au supplice odieux,
Et ravy que son âme aille monter aux cieux. (Ch. I.)

La seconde comparaison peint au vif l'état d'esprit d'un voyageur, au retour de ces pays lointains, dont l'imagination et les récits d'alors grandissaient encore l'éloignement :

Comme un homme affligé, qu'un fascheux accident
A fait aller par force aux Indes d'Occident
Enfin, las du climat et de l'idolâtrie,
Fait tant qu'il vient revoir sa très chère patrie :
Alors tous les objets et connus et nouveaux
Paroissent à ses yeux agréables et beaux ;
Le changement qu'il voit luy rafraîchit l'idée,
Que durant son absence il avoit bien gardée ;
Il partage son cœur et son entendement,
L'un à la volupté, l'autre à l'étonnement.(Ch. VII.)

Bien qu'il y ait dans les vers de Le Noir un souffle un peu trop égal, une cadence un peu trop réglée, le style n'est pas dénué de tout mérite : il a des traits heureux, et un certain bonheur d'expression, notamment dans ce portrait de saint Jean, qui m'a fait, Dieu me pardonne ! songer au *paysan du Danube* de La Fontaine :

Le divin précurseur, le fameux Jean-Baptiste,
Que je me représente austère, grave et triste,
Estoit dans le désert, logeoit sous des rameaux,
Et se couvroit d'un drap fait de poils de chameaux.
Un cuir épais et fort luy servoit de ceinture,
Et les vers sautelans estoient sa nourriture,
Avec le simple miel qu'il s'en alloit chercher
Dans le creux de quelque arbre ou de quelque rocher.

(Ch. III.)

On aura une idée complète du talent et de la manière de Le Noir, si l'on rapproche de ces familiarités poétiques quelqu'une des touchantes effusions qui s'échappent de son âme attendrie. De ce nombre sont l'*Apostrophe aux prédicateurs*, qui ouvre le quatrième chant du poème, et la conclusion même de l'ouvrage ; cette conclusion, éloquente dans sa simplicité, sera ma dernière citation :

> Ô grand *Emanuel*, autheur de l'univers,
> Voy d'un œil favorable et mon zèle et mes vers.
> Saint et divin esprit et du Fils et du Père,
> Je ne t'ay pas en vain adressé ma prière.
> Je suis bien éloigné de la perfection,
> Ma foiblesse paroist dans ma production,
> Toutefois j'ay senty ta faveur efficace,
> Tout le bien est de toy, je le dois à ta grâce.
> Je fais ce que je puis, tu fais ce que tu veux ;
> Ta grâce me suffit, reçoy mes justes vœux.
> Père, Fils, Saint Esprit, Majesté haute et sainte,
> Auguste Trinité que j'adore sans feinte,
> Rends cet ouvrage utile à ceux qui le verront,
> Je seray satisfait lorsqu'ils l'adoreront ;
> C'est mon plus haut dessein, c'est le fruit de mes veilles
> De leur faire adorer tes vertus nonpareilles ;
> Et que nous puissions tous entonner dans les Cieux
> Les louanges qu'on doit à ton nom glorieux.

OLIVIER DE GOURCUFF.

JEAN-BAPTISTE BABIN

(1662.)

Dans le recueil de 1662, où se trouvent les poésies de René de l'Espine, se rencontrent maintes pièces faites en l'honneur de ce dernier. Quelques autres pièces n'ont aucun trait au poète croisicais ; entre autres, deux sont de J.-B. Babin, conseiller du roi, trésorier de France et général des finances de Sa Majesté en Bretagne, à Nantes. Singulièrement supérieurs aux vers des poètes de profession, ceux de Babin ont une véritable élévation. La première pièce est un dialogue entre l'auteur et les cloches de Saint-Pierre de Nantes : « Un levier s'estant détaché d'un câble, comme l'auteur faisoit peser les cloches, la douleur qu'il en receut à l'un de ses pieds donna sujet à ces stances. » L'autre pièce est un sonnet qui a une valeur véritable. Le voici :

>Chéris-tu le repos plus que toute autre chose ?
>Ton esprit se plaît-il dans la tranquillité ?
>Veux-tu briser tes fers et vivre en liberté ?
>Écoute et comprends bien ce qu'un ami propose :
>
>Si tu vis sans dégoust des mets que l'on te pose,
>Si tu ne bois qu'au tant qu'il faut pour ta santé,
>Si ton habit ne sert qu'à ta nécessité
>Et si ton corps lassé sans femme se repose ;
>
>Si ton parfaict ami te tient lieu de parents,
>Si tu ris des thrésors et de l'orgueil des grands,
>Si ta foy croit en Dieu, sans le pouvoir comprendre ;
>
>Si, ferme dans tes maux, tu te passes d'honneurs,

Et si tu conçois bien qu'incessamment tu meurs,
Qui peut troubler ta vie, et que peux-tu prétendre ?

BIBLIOGRAPHIE

« Poésies rares et nouvelles d'auteurs extraordinaires, à Paris, chez Michel Landron, imprimeur dans l'isle du Palais, MDCLXII. »

Stéphane Halgan.

JEAN BARRIN
DE LA GALISSONNIÈRE

(1640-1718)

Le nom de Barrin de la Galissonnière fut porté, presque en même temps, par deux hommes bien différents de caractère et de destinée : le lieutenant général des armées navales, marquis de la Galissonnière, que son intégrité et son courage mirent en haute estime ; et Jean Barrin, un écrivain qui respecte assez peu la délicatesse de ce lecteur français que Boileau peignait, non sans indulgence, si prompt à s'alarmer des licences de la plume. Cet auteur d'un livre dont le titre, sans plus, effaroucherait les moins sévères, a de quoi nous étonner : il était Breton et il était prêtre, double honneur qui l'aurait dû porter vers les pensées saines et honnêtes. Mais toute règle à ses exceptions ; la rude terre celtique, l'âpre rocher malouin ont produit un Maupertuis, un La Mettrie, qui donnaient à la science un étrange ragoût de frivolité libertine ; Duclos, qui se faisait gronder doucement par un auditoire peu scrupuleux, est né à Dinan, en pleines Côtes-du-Nord. Et quant au clergé, à qui l'on imposait parfois des choix malheureux, il n'a point à souffrir des escapades littéraires qu'un Béroalde de Verville, un abbé Prévost, se permirent sous la soutane ou le petit collet.

On sait peu de chose de la vie de Barrin, et c'est dommage : on aimerait à suivre les faits et gestes de ce personnage que l'on devine si singulier, ses erreurs, ses velléités de repentir, ses rechutes, et l'expiation finale qui se traduit par une mystique *Vie de Françoise d'Amboise*. Quoique sa famille fût originaire de la commune de

Monnières (Loire-inférieure), Jean Barrin naquit à Rennes, en 1640. Destiné à l'état ecclésiastique, il eût volontiers pris ses grades à l'abbaye de Thélème. Il semble bien n'avoir mis que trop sa vie en harmonie avec ses écrits : c'est ce qui l'empêcha, sans doute, de parvenir aux dignités de l'Église, que la haute situation de son père, doyen au Parlement de Bretagne, lui rendait aisément accessibles. Sur la foi d'un ancien critique, la *Biographie bretonne* de Levot insinue que la traduction d'Ovide, le principal titre littéraire de Jean Barrin, pourrait bien être l'œuvre d'un gouverneur, zélé pour son élève, et prétendant l'aider ainsi à faire son chemin dans le monde. Outre qu'il faudrait supposer à ce gouverneur une conscience bien élastique, et des idées tout au moins étranges sur la direction de la jeunesse, l'accent de sincérité qui perce dans la préface de la traduction dément cette supposition. Jean Barrin, qui avait alors vingt-six ans (1666), s'y dépeint *perdu d'amour;* il fait sa propre apologie sur le dos d'Ovide, et donne pour excuse à son libertinage celui de l'auteur qu'il traduit ; j'ajoute que les vers eux-mêmes, pleins d'une ardeur juvénile, ne se peuvent, en bonne conscience, attribuer à un pédagogue. La traduction d'Ovide avait paru, partie anonyme, partie sous le pseudonyme du *marquis de Vilennes;* mais le vrai nom du traducteur n'était un mystère pour personne ; et, si la célébrité littéraire de notre Breton s'établit, il put renoncer à sa prétention d'arriver à l'épiscopat, car Louis XIV n'aimait guère les prêtres trop mondains. L'abbé de Marolles, qui écrivait vers la fin de sa vie, de 1670 à 1680, le curieux dénombrement de ceux « qui lui avaient donné de leurs livres, » cite Barrin avec éloge et se reconnaît son obligé « pour son livre de *Poésies françoises*, dont il s'est fait plusieurs éditions, et pour la première partie de son *Astrée*, d'après M. Durfé ; » — le livre de « Poésies françoises » était probablement la traduction d'Ovide, déjà plusieurs fois réimprimée ; quant à cette « Astrée » qui a échappé aux recherches des bibliographes, c'était, sans doute, une paraphrase poétique du célèbre roman, alors au plus fort de sa vogue. Le bon abbé de Marolles, après avoir consacré quelques lignes louangeuses à la famille de Barrin, ajoute que « ses belles prédications l'ont assez fait connoitre dans Paris. » Ainsi Barrin prêchait à Paris au moment où paraissait, en 1680 ou 1682, un ouvrage plus impie encore qu'obscène, que les érudits ne sont que trop unanimes à lui attribuer. Je renonce à m'expliquer les contradictions de ce personnage « ondoyant et divers ; » j'aime mieux le retrouver, en 1703, décidément repentant, fait chanoine et grand chantre de la cathédrale de Nantes, et, quelque temps après, choisi pour grand vicaire du diocèse. « Ses dernières années — nous dit Levot — furent consacrées à la prédication où il obtint de grands succès ; » — c'était, on le voit, son genre favori, même aux heures où il eût dû se prêcher lui-même. Mettant désormais sa plume au service des idées pieuses, il fit imprimer à Rennes, en 1704, la *Vie de la Bienheureuse Françoise d'Amboise, duchesse de Bretagne, fondatrice des Carmélites*. Il mourut à Nantes, le 7 septembre 1718, après une vieillesse édifiante.

Bien des poètes français ont traduit les *Amours* d'Ovide ; Thomas Corneille, de Guerle, Mollevaut, de Saint-Ange, le cardinal breton de Boisgelin, s'y sont essayés tour à tour ; ce n'est pas une illusion de trouver qu'ils sont tous surpassés, ou au moins égalés, par notre Barrin, dont le livre parut d'abord sous ce titre : *Traduction des epistres et élégies amoureuses d'Ovide en vers françois* (Paris, Cl. Barbin, 1666, 2 vol. in-12), — rééditée à la même librairie, en 1668, sous le titre nouveaux : *les Élégies choisies des Amours d'Ovide, par le marquis de Vilennes.* Barrin grossit plus tard son ouvrage, le modifia un peu, et publia, en 1676, les *Épîtres et toutes les Élégies amoureuses d'Ovide*, 2 vol. in-12. Cette version remaniée eut un succès extraordinaire, et ne fut pas réimprimée moins de quinze fois pendant le XVIIe et le XVIIIe siècle : les Elzévirs, Pierre Marteau de Cologne, Michel Rey d'Amsterdam, les Cazin, s'en emparèrent successivement. Les vers de Barrin justifient ce haut renom ; s'ils ne suivent pas de très près le texte d'Ovide, ils sont remarquables par l'harmonie, l'élégance, un tour aisé et leste qui séduit. Un peu embarrassé — et pour cause — sur le chapitre des citations, trouvant presque partout des vers très bien frappés, mais d'un accent un peu trop vif, je me décide à faire à la *quinzième élégie* l'emprunt suivant, dont personne ne pourra prendre ombrage :

> Il n'est ni bois, ni fer, que le temps ne terrasse ;
> Les membres sont sujets à pareille disgrâce ;
> Mais la mort a borné son pouvoir rigoureux
> Jusques à respecter le langage des Dieux.
> Les rois doivent céder à ce bel art d'écrire,
> Quatre vers bien tournés valent mieux qu'un empire ;

> Et tout l'or que le Tage enferme sous ses eaux
> Ne peut d'un bel esprit égaler les travaux.
> Qu'on soupire ici-bas pour un éclat vulgaire,
> J'ai le cœur moins rampant, et l'âme moins grossière
> Et si, pour m'engager, je veux choisir un roi,
> Tout autre qu'Apollon est indigne de moi.
> Lorsque, mon tour venu, je quitterai la vie,
> Je laisserai de moi la meilleure partie ;
> Mes écrits de la mort braveront la rigueur,
> Et j'attends le trépas pour vivre avec honneur.

L'homme qui a écrit cette période, pleine d'ampleur et de fermeté, n'était assurément pas le premier versificateur venu ; s'il était soutenu par son modèle latin, il avait aussi pratiqué les bons écrivains français de son époque. De tels vers, même traduits, valent assurément ceux que les contemporains bretons de l'auteur, René de Bruc de Montplaisir ou Jean de Montigny, inséraient dans les nombreux recueils du temps. Il n'est que juste d'ajouter que Barrin poète original est loin de valoir Barrin traducteur. À la fin de la toute première édition des *Epistres d'Ovide* (1666), qui ne renferme que les six premières de ces épîtres, est une pièce sur le compte de laquelle le traducteur-auteur s'exprime ainsi, dans sa préface : « Si j'ay quitté la traduction, pour adjoûter une elegie toute de moy, j'espere que l'on en fera un jugement assez favorable qui ne coûtera rien à ceux qui le feront. » Il nous en coûte, malheureusement, de louer les cent dix alexandrins que Barrin a tirés de son cerveau, et intitulés : « Pleurs d'Énée sur la mort de Didon. » Un genre factice, que le talent ingénieux d'Ovide n'avait pu sauver de l'emphase et de la préciosité, devait aboutir, chez un disciple un peu inexpérimenté, au pathos et au fin galimatias ; les sévérités d'un réformateur littéraire, d'un Boileau, seraient bien explicables contre des vers comme ceux-ci :

> Je sçavois que l'amour avoit des embarras,
> Mais qu'il eust des tombeaux je ne le sçavois pas,
> Et mon cœur mal instruit avoit cru que ses armes
> Sans aller jusqu'au sang ne s'étendaient qu'aux larmes…
> Ce feu me possédoit sans posséder mon âme,
> J'estois plus ébloui que je n'avois de flâme…

Notre abbé s'en tint à cet essai de poésie personnelle ; il le fit, et fit bien.

Jean Barrin avait le goût des pseudonymes ; c'est qu'aussi il en avait besoin : il s'était appelé le marquis de Vilennes pour traduire Ovide, il s'appela l'abbé Du Prat pour publier le livre, fâcheux pour sa renommée, dont les curieux n'auront pas grand'peine à trouver le titre. Je voudrais bien, en dépit des affirmations du *Dictionnaire* de Barbier et des Biographies, l'absoudre de ce gros péché ; mais on n'a pas de motifs suffisants pour le mettre sur la conscience de son homonyme et contemporain, le ministre protestant. Il est, à coup sûr, monstrueux qu'un prêtre catholique ait jeté le discrédit et le ridicule sur les pratiques de sa religion ; mais ce n'est là qu'une présomption morale, partant insuffisante, en faveur de notre Breton. Comme tous ceux de son espèce, le triste ouvrage a été bien des fois imprimé, voire même traduit ; pour Jean Barrin, vieilli et repentant, ce succès de mauvais aloi, dont sa mémoire reste éclaboussée, dut être la source d'un chagrin cruel.

OLIVIER DE GOURCUFF

RENÉ DE BRUC
DE MONTPLAISIR

Né en 1610, mort le 12 juin 1682

F   LOS *florum, eques equitum* : telle est la devise que les de Bruc inscrivaient au pied de la rose de leur écu ; le marquis de Montplaisir la mit en pratique : homme de guerre, il cultiva les fleurs poétiques. Les premières sont des fleurettes galantes, ce sont les plus nombreuses ; elles ont plus d'éclat que de parfum. Plus tard il prend une seconde manière ; la recherche y prédomine ; mais l'idée morale, absente de ses œuvres de jeunesse, y apparaît déjà. À la fin de sa vie, il compose force poésies dévotes, et dont les pensées et le style n'ont plus rien du galant cavalier d'autrefois.

Ses premières œuvres l'avaient mis en haut renom ; Beauchasteau lui écrivait :

> Par tes exploits, on peut connaître ta vaillance ;
> Par tes aïeux, on doit connoître ta naissance ;
> Mais de ton grand esprit connoître l'excellence,
> Brave de Montplaisir, crois-moi, certainement,
> C'est l'ouvrage d'un siècle et non pas d'un moment.

Ménage, écrivant à Chapelain, vante les élégies de Montplaisir :

> Mêlons les tons brillants de ta haute trompète
> Avec les doux accords de mon humble musète,
> Avec les tons plaintifs du fameux Montplaisir,
> D'Apollon et de Mars la gloire et le désir.

Les vers de Montplaisir valent mieux que ceux de ces élogieux critiques. Toutefois ce n'est point dans l'élégie qu'il triomphe tout d'abord, mais bien plutôt dans le genre badin. Il ne fit guère d'élégies, sinon quand il mit la main à celles de Mme de la Suze, alors qu'il la conduisait dans les sentiers du Permesse, comme il le disait lui-même. La ressemblance des styles porte à croire que Montplaisir guidait souvent la main et la plume de son élève. Mais, quand il est lui-même, le genre cavalier domine. Est-ce à elle-qu'il s'adresse dans cette déclaration d'amour ?

> Aimable et divine personne,
> Dont un Dieu seroit enchanté,
> Vous porteriés une couronne,
> Si l'on couronoit la Beauté.
>
> Quoique d'amour je sois malade,
> Qu'une autre règne dans mon cœur,
> Vous pouvés, d'une seule œillade,
> Me rendre votre adorateur.
>
> Je crois que, sans être infidèle,
> Je puis adorer vos apas,
> Puisque Philis ne paroit belle,
> Que quand vous ne paroisse pas.
>
> C'en est fait, ma belle maîtresse,
> Je vous suis un esclave acquis.
> Si vous êtes ma vicomtesse,
> Je veux être votre marquis.

Plus lestes et plus enlevées sont les stances « à la coquette avare. » Je n'en veux citer que les premières :

> Beauté pour qui je meurs d'amour,
> Songés à soulager mes peines,
> Ou du moins à me rendre, un jour,
> Pour mille écus de points de Gênes.
>
> Je sais ce que vous mérités ;
> Mais, quoique je ne sois pas chiche,
> Pour acheter des cruautés,
> Je ne me sens pas assés riche.

> Vous savés que votre laquais,
> Et votre petite suivante
> Ont fait près de moi tant d'acquêts,
> Qu'ils mètent de l'argent à rente.

Ceci est l'adagio de la pièce ; j'omets le scherzo.

Les trois quarts de l'œuvre du marquis sont en ce style. Ce ne sont qu'épigrammes, quatrains, bouts-rimés, chansons sur l'air de la courante à la mode. Tout y est aimable, sans façons ; l'homme de cour écrit en riant, en combattant, et plaît souvent sans chercher à plaire. Il est lui-même.

La seconde manière de de Bruc doit commencer lorsqu'il tourne autour de sa trentième année. Il se mêle aux affaires politiques et en parle quelque peu ; il célèbre en sonnets Richelieu ; plus tard, en sonnets aussi, maudit Cromwell. Il commet même un poème : *le Temple de la Gloire.* Qui le lit en entier est forcé d'"avouer que la cithare convenait à de Bruc mieux que la lyre. Dans le ton de ses années mûrissantes, je choisis un sonnet irrégulier et fantaisiste « sur les cendres de Damon mises dans un sablier qui fait mouvoir une horloge » :

> Cette poussière que tu vois,
> > Qui tes heures compasse,
> Et va recourant tant de fois
> > Par un petit espace ;
>
> Jadis Damon je m'appelois,
> > Que la divine grâce
> De Philis, pour qui je bruslois,
> > A mis en cette place.

> Le feu secret, qui me rongea,
> En cette poudre me changea,
>   Qui jamais ne repose.
>
> Apprens, amant, que par le sort
>   l'espérance t'est close
> De reposer même en ta mort.

L'âge s'accentue plus encore dans un sonnet « escript sur une isle à l'embouchure de la Loire » :

> Que ces divers objets qui s'offrent à ma vue,
> Ces vaisseaux étrangers, ces barques des passants,
> Que j'aperçois du haut de cette roche nue,
> Remplissent mon esprit de plaisirs innocents !
> . . . .
> (Mais l'âge est venu, Sylvie est ingrate.)
> . . . .
> Si bien que, dans l'ennui qui sans cesse me ronge,
> Je goûte des plaisirs en furieux, qui songe,
> Et trouve à son réveil qu'il est près de mourir.

Nous ne sommes plus au temps où de Bruc, dans une ballade lestement troussée, félicitait le duc de Saint-Aignan de s'être débarrassé de trois voleurs, avec un seul pistolet qui tirait trois coups (les revolvers sont plus anciens qu'on ne croit), ni aux jours où le poète, dans ses fines stances à Mlle de Lenclos, prouvait que

> L'Amour peut entrer par l'oreille,
> Comme il se glisse par les yeux.

L'âge est venu ; l'heure des graves pensers a sonné. Les poésies religieuses ont succédé aux vers libres. Un mémoire manuscrit de l'abbé de Loménie de Brienne accuse le style de Montplaisir de diffusion. J'avoue que ses odes de la fin n'ont pas la tournure claire et native de ses jeunes élégances. Mais une dernière citation me donnera le droit d'en appeler justement de l'arrêt de l'abbé de Brienne.

Sonnet du Converti

N'agités plus mon cœur, désirs impétueux,
Qui règnés sur une âme au vice abandonnée.
De ses crimes, passés la miène est étonée,
Et sent des mouvements nobles et vertueux.

Depuis que je languis oisif, voluptueux,
On a vu douze fois recommencer l'année.
Je veux changer d'objet, changer de destinée ;
Et désormais au Ciel j'adresse mes seuls vœux.

C'est marcher trop longtems parmi des précipices,
C'est voguer trop longtems dans la mer des délices ;
Il est tems à la fin-de s'assurer du port.

Déjà les saints pensers, que mon Sauveur m'envoie,
Me détachent du monde avec si peu d'effort,
Que je fais ma douleur d'en avoir fait ma joie.

Voilà un repentir bien établi et qui permettra aux curieux de lire in extenso les gaietés poétiques du jeune marquis, puisque tout est bien qui finit bien.

Bibliographie

Poésies de M. de Bruc de Montplaisir. Amsterdam, 1759.

Stéphane Halgan

Nous donnons ici tout entière la ballade ide Montplaisir au duc de Saint-Aignan, telle que Lefebvre de Saint-Marc l'a prise dans le *Recueil de Sercy* ; c'est un joli échantillon de cet ancien petit poème, si essentiellement français, la Ballade, dont un Trissotin seul pouvait dire :

Ce n'en est plus la mode, elle sent son vieux temps.

Les armuriers du temps de Montplaisir auraient rendu des points aux Lefaucheux ou aux Gastine-Reinette, car le poète *envoie* à son illustre ami « un mousqueton qui tiroit *sept* fois. »

BALLADE

Parmi les bois et la gaie verdure,
Où va cherchant souvent maint avanture,
Ainsi que vous, tant gentil chevalier,
Lorsque seulet vous alliés vous ébattre,
Quatre assassins venant vous épier,
Vous avés fait, dit-on, le diable à quatre.

En coucher deux, roides morts, sur la dure,
Arrêter l'un d'une grande blessure,
Et mètre encore en fuite le dernier ;
Quoique blessé, comme un démon se batre ;
Damp chevalier, on ne le peut nier,
C'est assés bien faire le diable à quatre.

Les demi-dieux, si fiers de leur nature,
N'eussent pas fait telle déconfiture,
S'il eût falu tel péril essuier.
Celui qui sut tant de monstres abatre
N'eût pas osé contre deux s'essaïer ;
Et vous, seigneur, faites le diable à quatre.

ENVOI

Un mousqueton j'ose vous envoïer,
Avec lequel, s'il vous plait de combattre,

> Vous en pourrés, seigneur, sept défier,
> Après avoir tant fait le diable à quatre.

Ceux qui sont curieux de détails sur Montplaisir liront, avec autant de profit que d'agrément, s'ils réussissent à se la procurer, la notice que M. le baron de Wismes a insérée dans la *Revue des Provinces de l'Ouest*, et fait tirer à part à 50 exemplaires. (Nantes, Guéraud, 1853.) Ils y puiseront les renseignements biographiques, généalogiques et littéraires les plus concluants, ceux-ci, entre autres : La terre de Montplaisir, acquise par la famille de Bruc, en 1621, n'ayant jamais été érigée en marquisat, notre poète put être de son temps seigneur, mais non marquis de Montplaisir, il ne fut que marquis de la Guerche, peu de temps avant sa mort : il y a donc lieu d'attribuer au marquis de Montausier probablement les pièces qui, dans le *Recueil de Sercy* sont signées le M. de M. Par contre, en dehors de l'attribution qui semble devoir lui être faite des *élégies* de Madame de la Suze, René de Bruc peut revendiquer plusieurs pièces des recueils de poésies de Champhoudry (1655), d'Étienne Loyson (1661), de Jean Ribou (1666), qui ne figurent pas dans l'édition très imparfaite de Saint-Marc ; le dernier de ces recueils renferme notamment *le Panégyrique de la poule de Silvie, en suite du grand nombre de bouts-rimez qui furent faits sur la mort du perroquet de Madame du Plessis-Bellière*, panégyrique signé tout au long du nom de Montplaisir.

La lettre autographe que nous reproduisons (lettre d'affaires datée du 3 mars 1657) est la seule que l'on connaisse du poète : elle fait partie de la riche collection de

M. le baron de Wismes, qui nous l'a obligeamment communiquée ; on y remarquera que de Bruc accole à son nom celui de la Guerche, et qu'il semble avoir réservé pour ses poésies ce joli nom de Montplaisir.

M. le baron de Wismes possède les portraits-miniature de Marie Veniéro, dame de la Guerche, mère du poète et d'un frère de celui-ci, Henri de Bruc, abbé de la Bellefontaine, mais il n'a pu, au cours de ses savantes et si souvent heureuses recherches, découvrir le portrait de René de Bruc.

O. DE G.

CATHERINE DESCARTES

(1637-1706)

MADEMOISELLE Catherine Descartes naquit près de la vieille tour d'Elven, au manoir de Kerleau ; le registre de la paroisse la déclare « fille de messire Pierre Descartes, conseiller du roy en son parlement de Bretagne, et de Marguerite Cohan, dame de la Brétallière de Kerleau ; » elle est née le 12 décembre 1637.

Son grand-père, Joachim Descartes, habitait alors l'antique château de Chavagne, dans le canton de Sucé ; elle était nièce de notre grand philosophe René Descartes.

Catherine vivait le plus souvent à la campagne, absorbée par des études continuelles ; cependant elle a laissé des souvenirs de ses voyages à Rennes, à Nantes et à Paris. Elle s'était liée d'amitié avec Mlle de Scudéri, la *Sapho* d'alors, et Mlle de la Vigne, qui l'appelaient l'*immortelle Cartésie*. Nous retrouvons une lettre de Mlle de Scudéri à Mlle Descartes, où, après avoir parlé en prose d'une fauvette qui revenait chaque printemps à sa fenêtre, elle ajoute en vers :

>Après cela, Cartésie,
>Pour vous parler franchement,
>Il m'entre en la fantésie
>De vous gronder tendrement ;
>De ma fauvette fidèle
>Vous avez tous les appas,

> Vous chantez aussi bien qu'elle,
> Mais vous ne revenez pas !

Il y avait loin alors des châteaux de Bretagne à Paris ! et rarement la muse de Kerleau allait retrouver ses sœurs à l'hôtel de Rambouillet, ce centre de la préciosité ; elle n'y paraissait d'ailleurs qu'au second rang ; son esprit sérieux, fortifié par la solitude, se sentait mal à l'aise dans les cercles excentriques de la Place Royale, et surtout dans l'atmosphère ambrée et pailletée de la *chambre bleue*. L'étoile de Mlle Descartes ne devait briller de tout son éclat que dans son propre ciel, c'est-à-dire dans les salons de Rennes, de Nantes et de Vannes ; c'est là que plusieurs esprits remarquables l'ont admirée.

Ainsi, dans une lettre de Mme de Sévigné à sa fille, nous lisons :

« J'ai rencontré, à Rennes, une demoiselle Descartes, propre nièce de votre père, qui a de l'esprit comme lui ; elle fait très bien les vers. »

Et dans une autre lettre, toujours de Mme de Sévigné à Mme de Grignan :

« J'aime passionnément Mlle Descartes, elle vous adore, vous ne l'avez point assez vue à Paris… Voilà un impromptu qu'elle fit l'autre jour ; mandez-moi ce que vous en pensez. Pour moi il me plaît, il est naturel et point commun. »

On croit généralement que cet impromptu était le *Triomphe de l'Amour*, qui se termine ainsi :

> Tous ont senti les traits de ce petit bourreau,
> Et le sage d'Athène et celui de Corinthe,
> Et du plus grand des Dieux il a fait un taureau !

L'abbé Lambert, dans son *Histoire de la littérature du siècle de Louis XIV,* dit, en parlant de Catherine, que l'esprit de la famille Descartes était tombé en quenouille.

Les deux pièces les plus remarquables de cette femme célèbre sont, sans contredit, *Descartes mourant* et l'*Ombre de Descartes.* Nous donnons plus loin ces deux pièces ; une troisième, trop longue pour être rapportée ici, est un dialogue en vers entre M. Descartes mourant (à Stockolm), et M. Chanut, ambassadeur de France ; ce dialogue est interrompu par l'aumônier de l'ambassadeur qui vient prier avec le mourant, et lui administrer les sacrements.

Catherine nous apprend, dans une lettre, pourquoi elle composa la pièce sur la mort de son oncle, quarante ans après cet événement.

« Il passa à Nantes un vieillard qui s'embarquoit pour l'Angleterre ; ayant appris que la nièce de Descartes se trouvoit dans cette ville, il vint chez moi pour m'embrasser, me dit qu'il étoit à Stockolm quand mon oncle mourut, et me parla tant de cette mort, et avec de si longs détails, que je crois véritablement que c'est lui-même qui a fait la relation que j'ai écrite, etc. »

Nous terminons ce que nous savons sur Mlle Descartes par ce fragment d'une lettre de Fléchier à M. de Marbœuf :

« À l'égard de Mlle Descartes, son nom, son esprit, ses talents, la mettent à couvert de tout oubli, et, toutes les fois que je me souviens d'avoir été en Bretagne, je songe que je l'y ai vue, et que vous y étiez ! »

Quels éloges vaudraient ces quelques lignes ?

Mlle Descartes mourut à Rennes en 1706, d'une longue maladie.

M. de Kerdanet assure qu'elle publia, en 1693, à Paris, un recueil de poésies.

La mort de M. Descartes.

Christine jouissoit d'une éclatante estime ;
Sa beauté, son esprit, et son savoir sublime,
Des savants de l'Europe étoient l'étonnement,
Et des rois empressés le doux enchantement ;
Les langues d'Orient, et mortes et vivantes,
Celles de l'Occident, vulgaires et savantes,
Étoient dans sa mémoire, avec ce qu'elles ont
De savant, de poli, de rare et de profond.
Mais, quand sur la physique elle fut parvenue,
Jusqu'où n'arriva point sa pénétrante vue ?
Toutefois deux écueils, dans cette vaste mer,
Virent ce grand génie en péril d'abîmer :
L'aimant, dont les côtés aux deux pôles répondent,
Et qui l'esprit humain et la raison confondent,
L'un semble aimer le fer, et l'autre le haïr,
Si l'un sait l'attirer, l'autre le fait fuir ;
La mer, dont elle voit tantôt le sable aride,
Et tantôt inondé par l'élément liquide.
Ce réglé changement, écueil de la raison,
Indépendant des temps, des vents, de la saison,
De Christine épuisoit le merveilleux génie ;

Tout ce qu'en tous les temps dit la philosophie,
Aristote, Platon, Démocrite, Gassend,
Offrent à cette reine un secours impuissant ;
Elle en connoît le foible, et sa recherche vaine
Augmente son ardeur et redouble sa peine.
Quel sort pour ce grand cœur, dans son espoir trompé,
Du désir de savoir sans relâche occupé !
Un jour, l'esprit rempli de ce dépit funeste,
Elle crut voir paroître une femme modeste,
D'un air sombre et rêveur et d'un teint décharné,
Puis elle entend ces mots : « Vois l'illustre René !
Seul entre les mortels, il peut finir ta peine ;
Connu chez les Bretons, il naquit en Touraine ;
Aujourd'hui près d'Egmont, et le jour et la nuit,
Il médite avec moi, loin du monde et du bruit.
Entends-le, c'est l'ami de la philosophie. »
Elle dit et s'envole ; et Christine ravie,
Avide de savoir, ne croit pas que jamais
Elle puisse assez tôt l'avoir en son palais.
Cependant, enchanté du plaisir de l'étude,
Jouissant de lui-même et de sa solitude,
Le sage en ce repos voudroit bien persister ;
Mais aux lois d'une reine il ne peut résister.
Tu quittes pour jamais ta charmante retraite,
Grand homme, ainsi le veut du Ciel la voix secrete.
Pour instruire une reine, il s'avance à grands pas,
Croit aller à la gloire, et court à son trépas.
Il arrive, et déjà l'attentive Christine
Reçoit avidement sa solide doctrine,
Écoute avec transport le système nouveau,
S'en sert heureusement de guide et de flambeau,
Et, pour avoir le temps de l'écouter encore,
Retranche son sommeil et devance l'aurore.
Enfin, par des sentiers inconnus jusqu'alors,
Elle voit la nature, et connoît ses ressorts.
On dit qu'en ce moment la Nature étonnée,
Se sentant découvrir, en parut indignée :
« Téméraire mortel, esprit audacieux,

Apprends qu'impunément on ne voit pas les dieux ! »
Telle que dans un bain, belle et fière Diane,
Vous parûtes aux yeux d'un trop hardi profane,
Quand cet heureux témoin de vos divins appas,
Paya ce beau moment par un affreux trépas :
Telle aux yeux de René, se voyant découverte,
La Nature s'irrite et conjure sa perte,
Et d'un torrent d'humeurs, qu'elle porte au cerveau,
Accable ce grand homme, et le met au tombeau.

L'OMBRE DE M. DESCARTES.

À Mlle de la Vigne.

Merveille de nos jours, jeune et sage héroïne,
Qui, sous les doux appas d'une beauté divine,
Cachez tant de vertus, d'esprit et de savoir,
Ne vous étonnez pas qu'un mort vienne vous voir.
Si je pus, autrefois, pour une jeune reine,
Dont je connoissois peu l'âme inégale et vaine,
Abandonner des lieux si fleuris et si verts
Pour aller la chercher au pays des hivers ;
Je devois bien pour vous quitter ces climats sombres,
Où loin de la lumière errent les pâles ombres.
Quelqu'espace entre nous que mette le trépas,
Pour être auprès de vous que n'entreprend-on pas ?
Je n'ai pu vous entendre estimer mes ouvrages,
Et vous voir chaque jour en feuilleter les pages,
Sans sentir en mon cœur tout ce qu'on peut sentir,
Dans le séjour glacé dont je viens de partir.
Depuis que de mes jours j'ai vu couper la trame,
Aucun autre plaisir n'avoit touché mon âme ;
J'apprenois, il est vrai, que plusieurs grands esprits
Lisoient avec estime et goûtoient mes écrits ;

Mais je voyois toujours régner cette science,
Ou plutôt cette fière et pénible ignorance,
Par qui d'un vain savoir, placé mal à propos,
Un esprit s'accoutume à se payer de mots.
Partout cette orgueilleuse, avec son Aristote,
Des savants de ce temps est encor la marotte,
Tout ce qu'on dit contre elle est une nouveauté,
Et sans autre examen doit être rejeté
Comme si les erreurs, où furent les grands hommes,
Méritoient du respect, dans le siècle où nous sommes,
Et cessant d'être erreur par leur antiquité,
Avoient enfin prescrit[68] contre la vérité !
Mais je sens que bientôt ce temps va disparaître,
Bientôt tous les savants me vont avoir pour maître,
Tous suivront votre exemple, et par vous, quelque jour,
J'aurai de mon côté la Sorbonne et la Cour ;
Ces grandes vérités, qui parurent nouvelles,
Paroîtront désormais claires, solides, belles ;
Tel docteur, qui, sans vous, n'auroit jamais cédé,
Dès que vous parlerez sera persuadé ;
Quand la vérité sort d'une bouche si belle,
Elle force bientôt l'esprit le plus rebelle,
Et manqua-t-on jamais à la faire goûter,
Lorsqu'avec tant de grâce on se fait écouter ?
De faux dogmes détruits et d'erreurs étouffées,
Vous allez m'ériger cent illustres trophées ;
Par vos illustres soins mes écrits, à leur tour,
De tous les vrais savants vont devenir l'amour ;
J'aperçois nos deux noms, toujours joints l'un à l'autre,
Porter chez nos neveux ma gloire avec la vôtre ;
Et j'entends déjà dire, en cent climats divers :
Descartes et La Vigne ont instruit l'univers !
Car enfin, je l'avoue, et veux bien vous le dire,
La sage Élisabeth, la gloire de l'Empire,
Dont l'esprit surpassa les merveilleux attraits,
— Les morts ne flattent pas ! — ne vous valut jamais.
Aussi j'attends de vous cet insigne miracle,
Qu'enfin la vérité ne trouve plus d'obstacle,

Et que, malgré l'erreur et la prévention,
Tout l'univers entier n'ait qu'une opinion.
Je sens pourtant troubler ces grandes esperances,
Quand je vous vois cacher ces belles connoissances,
À vos meilleurs amis en faire un grand secret,
Et, quand vous en parlez, n'en parler qu'à regret.
Ah ! loin de les cacher sous un cruel silence,
Croyez-moi, donnez-leur toute leur éloquence,
Et, pensez qu'après tout, elles méritent bien
Que pour les faire aimer on ne ménage rien.
S'il est vrai que pour moi vous ayez de l'estime,
Pourquoi de la montrer vous faites-vous un crime ?
Pensez-vous, en m'aimant, vous faire quelque tort ?
Qui peut trouver mauvais que vous aimiez un mort ?
Mais ce n'est pas assez de m'aimer en cachette,
Qu'un vivant soit content de cette ardeur secrète :
Comme parmi les morts, la gloire est le seul bien,
Être aimés en secret ne nous tient lieu de rien !
Ainsi dites partout que j'ai touché votre âme,
Et faites-vous honneur d'une aussi belle flamme ;
Est-il rien qui me vaille ? et voit-on, entre nous,
Un amant plus illustre et plus digne de vous ?

À notre avis, on ne saurait trop louer Catherine Descartes d'avoir pris son oncle pour le héros de ses principaux chants. Nous aimons ce culte de la famille.

Comte DE SAINT-JEAN.

RENÉ LE PAYS

NÉ À FOUGÈRES, 1634, MORT À PARIS, LE 30 AVRIL 1690.

L E Pays dut jouir d'une certaine renommée, puisque ses œuvres eurent, de son temps, plusieurs éditions, et qu'on les réimprimait, à Leipsick, un siècle après leur apparition. C'est chose assez inexplicable, puisque ce très petit poète breton écrivait au plus beau moment de la littérature française.

Ses premiers volumes contiennent des pièces en prose, d'autres en vers, d'autres où les deux genres sont mêlés. Ce sont, pour la plupart, des lettres galantes, fort pauvres de sentiments et d'idées, où surnagent des vers d'une nullité qui va jusqu'au grotesque. On ne peut pas dire que Molière ait trouvé en lui le modèle de son amoureux bourgeois de la *Comtesse d'Escarbagnas*, car la première édition du premier volume de Le Pays est d'une année postérieure à la première représentation de cette comédie[69] ; on dirait, au contraire, que ce soi-disant poète breton s'est plu à imiter servilement et sérieusement M. Thibaudier. Je n'en veux pour preuve que cette citation :

« J'ay reçeu vos noix confites, et j'en ay déjà mangé beaucoup, et je les ay trouvées excellentes ; mais, Madame, ce ne sont pas là les douceurs que je vous demandons par mon dernier billet :

> Alors qu'un pauvre Amour pleure et se désespère,
> De semblables douceurs augmentent sa colère ;
> C'est une cruauté que le ciel vous deffend ;
> Ouy, quand on voit l'amour en des peines si dures,
>   C'est trop le traiter en enfant,
> Que d'apaiser son mal avec des confitures. »

Des élégies fades, des épigrammes émoussées, des sonnets sans pointes, des déclarations d'amour sans passion ni bon goût, des madrigaux sans trait, des églogues ou des satires sans fraîcheur et sans style, des galanteries à donner des nausées, voilà l'œuvre de ce pauvre poète qui se plaît à entremêler vers et prose, et auprès duquel Saint-Évremond est un Homère et le galant Dumoustier un Horace.

Je ne citerai de lui que le seizième sonnet, non qu'il soit un chef-d'œuvre, mais il est inspiré par une vue de la Loire. Cette pièce passe du sévère au plaisant, comme le fameux sonnet du *coude*, de Scarron :

> Vers l'endroit où la Loire entre dedans la mer,
> Assez près de cette isle et fertile et charmante,
> Qui fit faire à la Cour le voyage de Nante,
> Et qui couste à son maistre un regret bien amer ;
>
> Près de ce lieu fameux, un navire étranger,
> Qui faisoit voir de loin son enseigne pendante,
> Après avoir été battu de la tourmente,
> Sembloit prendre repos, lassé de voyager.
>
> La mer étoit pour lors douce, calme et tranquille,
> Et n'eust pas soulevé le cœur le plus débile ;
> Le ciel étoit aussi pour lors serain et doux.
>
> Quand, dans ce grand vaisseau, parut à notre veüe
> Un jeune matelot, Messieurs, le croirez-vous ?
> Un jeune matelot mangeant de la morüe.

Ce sonnet, litteralement, *desinit in piscem*; cela n'implique pas nécessairement que la première partie en soit belle.

BIBLIOGRAPHIE

1º Le Pays. *Œuvres* en deux volumes. À Paris, chez Barbin, au Palais, sur le second perron de la Sainte-Chapelle, 1672.

2º *Œuvres nouvelles* de Le Pays ; un volume, avec figures, chez Charles Leray, au Palais, au sixième pilier de la grand'sale. (Sans date.)

3º Le Pays. *Amitiez, amours et amourettes*, 1665

4º Même ouvrage et même titre, « chez Claude Prudhomme, » 1705. »

5º *Nouvelles œuvres* de Monsieur Le Pays ; à Leipsig, chez Kruge, 1788. (C'est une réédition d'un choix de ses œuvres.)

Stephane Halgan

Nous avons respecté la teneur de ce jugement un peu écourté et paradoxal du regretté M. Halgan ; mais nous ne pouvons laisser le pauvre poète sous le coup de ces dures paroles, de cet injuste arrêt.

Certes, René Le Pays a été surfait par ses contemporains, qui lui ont payé comptant — dit ingénieusement M. C. Livet — toute la somme de gloire qu'il méritait. Tout n'est pas pourtant si ennuyeux ni si fade dans les œuvres du *bouffon plaisant;* que de jolies choses nous pourrions extraire de ses piquantes relations de voyages, et comme nous voudrions mettre une lettre, intéressante et sérieuse, écrite de Londres, en regard des meilleures pages de Voiture, de la lettre sur la prise de Corbie, par exemple ! Mais le prosateur nous échappe ; le poète, qui est bien inférieur, n'est pas toujours dénué d'esprit et de charme, il est parfois ce que Lactance disait d'Ovide : *poeta non insuavis.* Que dites-vous de ce portrait d'un officier, un peu maraudeur, aux prises avec l'intendant de la police et des finances du Dauphiné, M. du Gué ?

>   Je vis encore un officier,
>   Qui peut-estre, dans son quartier,
>   Avoir permis maint brigandage,
> Et qui faisoit passer ses soldats pour des saints,
>   Vous jurant qu'en chaque village,
> Ils avoient tous vescu comme des Capucins.
> Vous luy dites alors qu'on les croyoit fort sages,
> Que la comparaison leur convenait fort bien,
>   Puisque, passant dans les villages,
> Comme des Capucins ses gens ne payoient rien.

Dans ce même recueil des *Nouvelles Œuvres*, arrêtons-nous un instant devant des invectives tragi-comiques contre les tripots de Lyon ; le pauvre Le Pays avait perdu tout son argent chez ces *cruels maistres d'Académie,* — comme il appelle les gérants de ces honnêtes maisons :

> Maudits soient les Fredocs, les Morels, les Colins,
> Et maudits soient les Raboulins.
> Ce sont des Juifs exécrables,
> Qui profitent toujours de ce que nous perdons,
> Des marchands si rusez que, par leurs tours damnables,
> Ils profitent encor de ce que nous gagnons ;
> Ils font un assuré commerce,
> Ou qu'on gagne, ou qu'on perde, heureux ou malheureux,
> Ils n'éprouvent jamais une fortune adverse,
> Tout le profit reste pour eux.
>
> Dans leur cruelle Académie,
> Je suis entré cent fois la bourse bien garnie,
> Avec un teint vermeil, avec la joye au cœur,
> Et deux heures après, pâle et mélancolique,
> J'en suis sorty fort gueux, accablé de douleur ;
> Et cependant tout ce malheur
> Ne vient que d'avoir dit certain mot diabolique,
> *Un Masse, un Tope*, un mot qui ne veut dire rien,
> Et qui, par sa vertu magique,
> Vous ôte en un moment le repos et le bien.
>
> Comment après cela pouvoir plaire à Sylvie,
> Comment, devenu gueux, passeray-je la vie,
> Moy qui sçay que le bien est si fort engageant,
> Que sans luy les vertus passent pour bagatelles,
> Et qu'à présent, auprès des belles,
> Le mérite et l'esprit peuvent moins que l'argent !

La tristesse de Le Pays, joueur dupé par des grecs, n'est pas bien plus profonde que celle du Valère, de Regnard, elle ne fait qu'effleurer cet esprit souple et alerte. Avant de quitter l'aimable compagnon, nous ferons deux emprunts à *la Muse Amourette*, morceau mêlé de prose et de vers, où Le Pays retrace, avec une spirituelle érudition, la généalogie et les alliances de sa muse badine.

Voici en quels termes délicats Virgile est apprécié :

> La Muse de Virgile, après seize cens ans,
> Estant belle malgré son âge,
> Conte encore entre ses amans
> Plus d'un sçavant et plus d'un sage ;
> Chacun sçait bien que Scaliger,
> Ce sage et ce sçavant qui n'eut point de foiblesse,
> L'ayant prise pour sa maîtresse,
> Ne voulut jamais la changer :
> Comme un amant, plein de tendresse
> Jusque dans le cercueil souvent porte un tableau,
> Scaliger ordonna, pour dernière caresse,
> Que sur son cœur, dans son tombeau,
> On mît tous les beaux vers qu'avoit faits sa maîtresse.

Le Pays poursuit sa revue critique des poètes anciens et modernes ; puis il s'excuse, non sans grâce, d'avoir conduit sa muse en si noble compagnie ; il la ramène modestement au port :

> Mais, ma Muse, tout doucement,
> Vous partez un peu brusquement,
> Demeurez dans vostre province,
> Vous y plaisez facilement
> Et vous ne plairiez pas aux oreilles d'un prince.
> La Cour mépriseroit vos champêtres appas,
> Vostre esprit y paroistroit fade,
> Et vous n'oseriez vous vanter
> Qu'on daignât vous ouïr quelquefois caquetter…

Est-ce que Le Pays ne fait pas ici lui-même, avec un charme naïf et qui sent son homme du monde, le procès de sa poésie ? Ne nous dispose-t-il pas à l'indulgence en faveur de cette Muse *de province* qui confesse si ingénument ses défauts ?

Il faut lire, sur Le Pays. M. Ch.-L. Livet (*Précieux et Précieuses*, p. 293-321), et M. J. de la Pilorgerie, *René Le Pays*. (Nantes, in-8°, extrait de la *Revue de Bretagne et de Vendée*, mai et juin 1872.)

Nous avions vu de très jolis frontispices allégoriques dans les nombreuses éditions de Le Pays ; nous cherchions un portrait, quand M. Le Pays du Teilleul, de Fougères, a bien voulu nous autoriser, avec une obligeance dont nous ne saurions trop le remercier ici, à faire reproduire le beau portrait de famille qui est en sa possession. Il est en tête du présent volume.

O. DE G.

JEAN DE MONTIGNY

DE L'ACADÉMIE FRANÇAISE

(1636–1671)

DANS ses notes sur les poésies du marquis de Montplaisir, Lefebvre de Saint-Marc nous fait part de son intention de publier, « quand l'occasion s'en présentera, » une édition des œuvres complètes de cet abbé de Montigny, « mort en 1671, évêque de Léon, à l'âge de 35 ans. » Le savant bibliographe, qui n'a malheureusement pas donné suite à son projet, ajoute, en forme de conclusion : « C'étoit un très bel esprit, aimant l'étude, aiant du goût, et capable d'écrire aussi bien en prose qu'en vers. » Il faut croire que les fragments qui ont échappé à l'injure du temps justifient singulièrement cette opinion ; car, quoiqu'il faille les chercher, souvent les deviner, dans des recueils aujourd'hui rares, ils ont réuni les suffrages des juges anciens et modernes, ils ont ajouté à l'intérêt qu'inspire cette jeune et séduisante figure. Jean de Montigny a eu, près de lui et près de nous, des biographes émus : Mme de Sévigné, cette commère exquise, — le mot est de Paul de Saint-Victor — a fait trêve à ses caquets sur les États de Bretagne, pour narrer, au sérieux, la mort prématurée du « pauvre Léon ; » sur cette tombe sitôt ouverte, l'abbé d'Olivet a jeté quelques fleurs académiques ; enfin, M. René Kerviler, dans un travail qui unit la précision à l'élégance, a fixé définitivement les traits de l'évêque breton[70].

Si elle fut courte, la carrière de Jean de Montigny fut exceptionnellement brillante. Il naquit en 1636, à Rennes, selon toutes probabilités. Fils et frère d'avocats généraux au parlement de Bretagne, il était encore, par son mérite personnel, désigné aux grandeurs. Il fut, pendant plusieurs années, aumônier de la reine Marie-Thérèse ; au mois de janvier 1670, il fut élu à l'Académie française, en remplacement de Gilles Boileau, et à l'exclusion de Charles Perrault ; il y prononça un discours fort remarqué ; peu de temps après, il était appelé à l'évêché de Saint-Pol-de-Léon. Le 4 août 1671, la session des États de Bretagne s'ouvrait à Vitré ; Jean de Montigny y signalait, par son zèle monarchique, sa récente promotion à l'épiscopat. La clôture des États était proclamée le 5 septembre ; le 28 du même mois, le pauvre évêque, « après avoir été ballotté cinq ou six fois de la mort à la vie, » mourait d'un transport au cerveau, que Mme de Sévigné attribue à l'excès du travail : « c'est ce qui l'a tué, il s'est épuisé. »

Dans le cours d'une vie aussi agitée, et si brusquement interrompue, Jean de Montigny trouva le temps de cultiver les lettres. Disciple et ami de Chapelain, il publia, en 1656, une *Lettre à Éraste* (Linière), *pour répondre à son libelle contre la Pucelle* ; à cette spirituelle et mordante satire il faudrait joindre une *Oraison funèbre d'Anne d'Autriche,* qui fut imprimée à Rennes, en 1666, et le discours de réception à l'Académie ; quelques lettres ou relations des voyages de la cour, éparses dans les recueils du temps, compléteraient le bagage littéraire de Montigny — son bagage en prose, du moins, car il écrivit aussi en vers, et semble avoir eu pour la poésie une prédilection marquée. Plusieurs pièces du *Recueil de Serçy* sont signées : l'abbé d'*Ingitmon* (transparent anagramme) ; voici l'une des plus courtes et des mieux troussées :

> Le monde est d'humeur médisante,
> On dit déjà je ne sçai quoy
> De vous, Philis, avecque moy ;
> Par charité, mignonne, empeschons qu'il ne mente.

Cela est joli, mais un peu leste pour un abbé ; passons vite. Un poème de longue haleine, inséré dans les poésies de Montplaisir et ailleurs, nous révèle, chez Jean de Montigny, de sérieuses qualités de composition et de style.

Quoiqu'il y ait peu ou point de rapport entre le *Séjour des Ennuis*, de René de Bruc, et le *Palais des Plaisirs*, de Montigny, le second de ces poèmes passe pour une réplique au premier. C'est une allégorie, composée en 1667, à la suite de la campagne de Louis XIV en Flandre, et qui échappe heureusement à la froideur, écueil presque inséparable du genre. Le roi s'est endormi dans son palais : comme à Hercule, placé entre le Vice et la Vertu, un songe lui offre les images de la *Gloire* et du *Plaisir*, l'invitant, l'une à de nouveaux exploits, l'autre à goûter les charmes du repos. En s'éveillant, Louis rend une sentence digne de Salomon : tenant la balance égale entre ses deux conseillers, il décide qu'il donnera désormais

> Le printems à la *Gloire* et l'hiver aux *Plaisirs*.

Ce petit poème abonde en vers heureusement venus, amples et majestueux, et qu'on dirait coulés d'un seul jet. En voici quelques exemples :

> Ils (*les songes*) remplissoient la nuit des merveilles du jour…
> La Gloire aux ailes d'or veilloit seule en l'armée…
> C'est la vertu des rois d'être avares du tems…
> Le Plaisir nonchalant, étendu sur des roses…

Voici une pensée un peu banale, que Montigny a comme rajeunie par la vigueur de l'expression :

>   C'est la valeur suprême,
> Quand on a tout vaincu, de se vaincre soi-même.
> Plus le combat est grand, plus le triomphe est doux.

Mais il y a, dans le *Palais des Plaisirs*, autre chose que de beaux vers isolés. M. Kerviler a cité, presque en entier, les deux remarquables discours de la *Gloire* et du *Plaisir*. Voici un passage descriptif, où le talent de l'auteur se déploie à l'aise :

> Sur la cime du mont est un palais antique,
> Où le roïal se mêle avecque le rustique.
> Mille détours y font un dédale charmant,
> Certain désordre heureux en forme l'agrément,
> Il plaît par ses défauts : en vain l'Art en murmure ;
> Et rien n'y charme tant que ce qu'on y censure.
> Là les plaisirs en foule abordent tous les jours,
> Ils en ont déserté les plus superbes cours :
> Rome à peine retient quelques scènes comiques ;
> L'Empire se retranche à des fêtes bachiques ;
> Et le Tage orgueilleux, qui fut si triomphant,
> Voit son prince réduit à des jouets d'enfant.
> La chasse, les festins, les jeux, les ris, la danse,
> Comme au centre attirés, y suivent l'abondance ;
> Les Sens en font l'essai, l'Esprit en fait le choix,
> Et la Vertu banit ceux qui choquent ses loix.

> On comteroit plustôt les brillantes étoiles,
> Ces fleurs d'or, dont la nuit sème ses riches voiles,
> D'un cœur tendre et jaloux les soins et les désirs,
> Que le nombre infini de ces nouveaux plaisirs.

Ces vers harmonieux ne nous font pas seulement l'effet d'une musique gracieuse : l'idée qui les soutient chatouille agréablement l'amour-propre national.

Les dernières années de Jean de Montigny durent lui laisser peu de loisir pour la poésie. Cependant M. Kerviler a retrouvé, dans les manuscrits de Conrart, conservés à la Bibliothèque de l'Arsenal, un sonnet adressé au duc de Montausier, en 1668, quand celui-ci fut nommé gouverneur du Dauphiné. Je reproduis ce sonnet, dont l'accent est élevé et l'inspiration sincère :

> Ta solide vertu fait pencher la balance.
> L'enfant né pour régner est soumis à tes loix.
> Plus ton roi consulta, plus on prise son choix ;
> Il prouve ton mérite, et montre sa prudence.
>
> Que sont les dignitez, quand le sort les dispense,
> Qu'une charge aux sujets et qu'un reproche aux rois ?
> Les vertus sous Louis décident des emplois,
> Sa raison examine, et sa main récompense.
>
> Ton esprit formera, par ses labeurs divers,
> Un successeur au prince, un maître à l'univers,
> À ses peuples clément, à luy-même sévère.
>
> Travaille sur le plan que Julie[71] a tracé
> Elle instruisit le fils sur Yexemple du père,
> C'est à toi d'achever ce qu'elle a commencé.

Quand, après avoir lu ce beau sonnet, on veut apprécier d'ensemble le noble écrivain qui l'a composé, on est tenté de lui appliquer ce que Montaigne a dit d'Étienne de la Boétie : « C'estoit vrayment une âme pleine et qui montroit un beau visage à tous sens, une âme à la vieille marque, et qui eust produit de grands effects, si la fortune l'eust voulu. »

Olivier de Gourcuff

L'ABBÉ DE FRANCHEVILLE

(1627-169..)

D'ORIGINE écossaise, la maison de Francheville s'établit en Bretagne au XVe siècle, lorsque Pierre de Francheville vint accompagner la princesse Ysabeau, fille du roi Hamon, fiancée du duc François Ier. La nouvelle duchesse l'attacha à sa personne en qualité d'échanson. Plus tard, François II lui octroya des lettres de naturalisé et de confirmation de noblesse avec l'écu *d'argent au chevron d'azur chargé de six billettes d'or percées* ; son mariage avec la fille du sire de Trélan, capitaine de la presqu'île et château de Rhuys, le fixa définitivement dans le pays de Vannes, et la branche aînée de ses descendants habite encore le castel de Truscat, au-dessous de Sarzeau, où, depuis quatre cents ans, sa réputation de bienfaisance et de vertu est devenue proverbiale.

La famille de Francheville a fourni un grand nombre de conseillers, avocats généraux et présidents au parlement de Rennes, un procureur général à la Chambre des Comptes de Nantes, un évêque de Périgueux et cette sainte fille, du nom de Catherine, qui fonda à Vannes, vers le milieu du règne de Louis XIV, l'Ordre de la Retraite. De nos jours, un poète a fait résonner de nouveau, sous sa lyre, les ombrages de Truscat, et l'Association bretonne se souvient encore des éminents services que lui rendit M. Jules de Francheville.

La *Biographie bretonne* a consacré deux bons articles à la fondatrice de la Retraite et à l'évêque de Périgueux ; mais elle a passé sous silence l'abbé-poète, rival de Jean de Montigny, et nous ne sachions pas qu'aucun biographe ait jamais songé à retenir le nom de l'abbé de Francheville, que les échos des ruelles redirent pourtant bien des fois, à l'époque où le libraire Sercy publiait ses recueils poétiques. Interrogeons ces échos.

Estienne de Francheville, fils de Pierre l'Écossais, fut seigneur de Trémigon et de Truscat, et se maria, (nous apprend une curieuse généalogie conservée au *Cabinet des Titres*), avec Catherine Sébille, fille du capitaine du château de l'Hermine, à Vannes. Il eut trois fils, d'où sortirent les trois branches de Truscat, de Guébriac et de la Rivière : la première existe seule aujourd'hui : les deux autres tombèrent en quenouille à la fin du XVIIe siècle. La fondatrice de la Retraite et l'évêque de Périgueux sont issus de la première ; notre abbé-poète est sorti de la seconde, et voici sa filiation, qui n'a été qu'imparfaitement rapportée dans le *Nobiliaire* de Saint-Allais.

Guillaume, second fils d'Étienne, fut procureur général à la Chambre des Comptes de Bretagne, ainsi que son fils Jean, qui devint ensuite conseiller au parlement. Ce Jean, grand-père de notre abbé, avait une sœur nommée Françoise, qui épousa Philippe de Montigny, sieur de Beauregard, grand-père de l'abbé de Montigny, le poète académicien. L'abbé de Francheville et l'abbé de Montigny étaient donc cousins au second degré.

Les deux fils de Jean de Francheville ne furent point magistrats : l'aîné, Jean II, père du futur poète, devint maître d'hôtel et écuyer de la petite écurie du roi Louis XIII ; le cadet, Pierre, fut abbé de Saint-Jacut. Ce fut la branche aînée des Francheville de Truscat qui continua la tradition des anciens de la branche cadette, en fournissant au parlement de Bretagne des conseillers et des avocats généraux, et au pays de Vannes les titulaires de plusieurs magistratures. C'est ainsi que Daniel, cousin de Jean, et procureur du roi à la sénéchaussée de Rhuys, fut père de Claude, sénéchal et lieutenant-général au présidial de Vannes, et grand-père de Daniel II, qui fut avocat général au parlement avant de devenir évêque de Périgueux.

Ces détails ne sont pas inutiles pour rendre intelligible la bizarre destinée de l'abbé de Francheville. Son père, Jean, le maître d'hôtel de Louis XIII, eut deux fils de son mariage avec Charlotte du Han. L'aîné, Eustache, héritier de bonne noblesse, fut, dès le berceau, voué à la carrière des armes, et, tout jeune, capitaine de cavalerie. Il devait trouver la mort sous les murs de Paris, pendant les guerres de la Fronde, en 1651. Le cadet, *Louis-Hercules* (nom prétentieux qui me fait supposer que son parrain dut être un Rohan), naquit vers l'année 1627, deux ans avant la mort de Malherbe. C'est notre poète.

Les cadets de famille étaient alors destinés à l'Église : on était à la cour ; on se crut obligé de suivre la règle, et le petit collet compta un soldat de plus. Les vocations ainsi imposées ne sont pas toujours couronnées de succès. L'abbé de Francheville devait en être un exemple remarquable. À l'âge de vingt-cinq ans, nous le trouvons encore simple tonsuré, courant les ruelles et les sociétés précieuses, en compagnie de son cousin, l'abbé de Montigny.

C'était immédiatement après la Fronde. On respirait enfin, sans plus craindre la guerre civile, et, dans ce calme réparateur, se développait à l'aise une véritable efflorescence littéraire. Les cercles et les ruelles raffolaient de poésie ; les samedis de Sapho succédaient aux réunions de l'hôtel de Rambouillet ; le *Cyrus* et la *Clélie* enflammaient tous les enthousiasmes ; Chapelain publiait sa *Pucelle ;* on se battait pour des bouts-rimés, et l'on dissertait sur la carte de Tendre.

Montigny avait rompu des lances en faveur de Chapelain ; il était bien posé dans les salons des précieuses ; il y introduisit l'abbé de Francheville, qui donna tête baissée dans la mêlée galante. J'ai dit, dans la *Bretagne à* l'*Académie française au XVIIᵉ siècle*, comment le petit collet n'excluait pas alors le commerce du monde ; — comment Godeau laissa publier des lettres à Bélinde, avant de devenir un austère évêque, tout en conservant des relations d'amitié avec l'hôtel de Rambouillet ; — comment l'abbé Cotin rimait à la fois des madrigaux à Iris et des poésies chrétiennes, au sortir de sermons prêchés avec grand succès, en dépit des épigrammes de Boileau ; — comment l'abbé Fléchier, du même âge à très peu près que les abbés de Montigny et de Francheville, s'adonnait aux poésies mythologiques avant d'aborder les travaux plus sévères qui le conduisirent à l'évêché de Nîmes ; — comment, enfin, le savant Huet et un grand nombre de futurs prélats de ce temps, fort différents des légers abbés de cour du XVIIIᵉ siècle, souvent aussi corrompus que les roués de la Régence, considéraient qu'un commerce platonique avec les femmes et la société des ruelles faisaient partie de « l'honnêteté et de la bienséance, » et ne portaient pas atteinte à la dignité du costume ecclésiastique. Il ne faut pas juger des mœurs de cette époque par la pruderie souvent fausse de; ôntra[illisible] on le parlait alors le langage de l'*Astrée*, en tout bien tout honneur ; « même chez un jeune abbé, ce n'était là, » remarque M. Sainte-Beuve à propos de Fléchier, « qu'une contenance admise, pour ne pas dire requise, dans un monde d'élite : l'attitude et la marque d'un esprit comme il faut. » À cet âge et dans ce mode de société, il fallait être, au moins en paroles, partisan et sectateur du bel amour raffiné, de l'amour respectueux à la Scudéry ; « de l'amour, non pas tel qu'on le fait dans le petit monde, mais de celui qui durerait des siècles avant de rien entreprendre ni entamer. »

J'insistais sur ce platonisme, à propos de l'abbé de Montigny. Je ne puis malheureusement pas l'affirmer de la même façon pour son cousin. Montigny ne prit pas seulement la tonsure et le petit collet ; il entra réellement dans les ordres, devint aumônier de la reine-mère et, plus tard, évêque de Léon ; il peut donc avantageusement soutenir la comparaison avec Godeau et Fléchier ; l'abbé de Francheville, au contraire, ne se sentant point la vocation ecclésiastique, jugea prudent de se contenter de l'habit, sans jamais se lier dans les ordres sacrés ; il fut abbé, il est vrai, mais abbé à la manière de Mathieu de Montreuil, son intime ami, à la manière de Marigny, de Ménage et de tant d'autres ; abbé de nom, vêtu de noir et touchant les bénéfices, mais non pas abbé de fait : abbé, sans exercice du saint ministère. Aussi le verrons-nous bientôt jeter alertement le petit collet, et, sans plus de façons, se marier à soixante ans, sans exciter le moindre scandale.

Cela nous donne plus de liberté pour juger ses poésies, toutes d'allure fort cavalière. On ne les a jamais réunies en volume, mais on en trouve un grand nombre dans le tome III du *Recueil de Serçy*, qui parut en 1657. L'abbé de Francheville s'y trouve en compagnie de Benserade, de Montreuil, de Sarrasin, de l'abbé de Laffemas et de son cousin de Montigny, masqué sous l'anagramme d'Ingitnom. Pour lui, pas de fausse honte : il n'a rien à cacher et signe franchement ses œuvres de son nom tout entier. Cela se compose de stances, de madrigaux et d'épigrammes. Ces dernières sont fort vives ; l'abbé dit crûment ce qu'il pense, témoin les quatre suivantes :

I

Ô dieux ! Uranie, est-ce vous,
Maigre, défaite, inanimée ?
Le Ciel, qui vous a tant aimée,
A-t-il sitôt changé ses grâces en courroux ?
Vous étiez autrefois des belles, des mieux faites ;
Ah ! que n'en estes-vous toujours !
Ou pour le repos de nos jours,
Que n'avez-vous toujours esté ce que vous estes !

II

Cet homme qui parle tant
Et qui cherche en vain l'art de plaire,
Seroit bien plus divertissant,
S'il trouvoit celuy de se taire.

III

Paul, dont vous sçavez l'indigence,
Fait mal des vers, et bien les vend ;
Il en tire de bel argent
Pour fournir à sa subsistance :

Après cela, maintiendrez-vous
Encor que les poètes sont fous ?

IV

Eh ! bien, je vous ay dit que vous estiez un sot :
    Que voulez-vous que je vous dise ?
En cela vous devez estimer ma franchise ;
Un chacun le sçait bien et ne vous en dit mot.

Cela respire peu la charité chrétienne : on ne pense guère à l'abbé et l'on dirait, au contraire, d'un jeune cavalier qui manie fort agréablement la cravache. Que sera-ce donc, si nous citons les stances suivantes, adressées à une belle qui ne voulait céder son cœur qu'au prix de dix mille livres sonnantes ? Je n'hésite pas à la citer presque tout entière, car elle est caractéristique et nous révèle des traits de mœurs assez inattendus :

STANCES

Comment diable, après quatre mois
Que je soupire sous vos loix,
Et que je brusle pour vos charmes, oie
Il faut qu'à moy, pauvre indigent,
Outre des soupirs et des larmes,
Il couste encore de l'argent ?

Vous ne vous payez point de cœurs ;
En vain on vous parle de pleurs,
De feux, d'amour et l'esclavage,

Car enfin sur tous ces bijoux,
Si l'on vouloit les mettre en gage,
Vous ne presteriez pas deux sous.

J'advois adverty mes désirs,
Que par des vers et des soupirs
Ils pouvoient trouver une voye
Pour devant vous se présenter ;
Et de fait, en cette monnoye,
J'aurois de quoy vous contenter.

Mais vous estes bien au-dessus
Des amusemens superflus :
Vous allez tout droit au solide,
Et croyez, malgré vos appas,
Qu'un homme dont la bourse est vide
Sans doute ne vous aime pas.

Vous n'estes point dupe en douceurs,
On a beau vous dire : Je meurs,
Beaux yeux, du mal que vous me faites ;
Vous n'avez jamais sceu, pourtant,
Quand on vous a dit ces fleurettes,
Les prendre pour argent comptant.

Quand devant vous un triste amant
Plaint sa misère et son tourment,
Hélas ! le pauvret a beau dire,
Vous croyez qu'il est indigent,
Et que le mal dont il soupire
Est celuy d'être sans argent.

Me demander dix mille francs !
Un faiseur de vers en mille ans
Pourroit-il gagner telles sommes ?
Aujourd'huy qu'on ne donne pas,
Tant est fin le siècle où nous sommes,
Pour une ode quatre ducats.

Ô! combien d'odes il faudroit,
Combien, soit à tort, soit à droit,
Il faudroit fabriquer de stances,
Avant que tel prix fût compté!
Mais, avec bien moins de dépenses,
Je donne l'immortalité.

Laissez là ces dix mille francs,
Je feray vivre dix mille ans
Cette action pleine de gloire :
En recommandant vostre nom
Aux doctes filles de mémoire,
Elles croiseront vostre renom.

Mais que fais-je? je presche aux sourds,
Vous vous mocquez de ces discours ;
Vous aimeriez mieux, ou je meurs,
Tant vostre esprit est de travers,
Faire grand'chère pour une heure,
Que vivre mille ans en mes vers.
. . . .

Je veux rengainer mes douceurs,
Ce n'est pas à pauvres rimeurs
D'aimer une telle personne ;
Je ne vous dis point ce que j'ay :
Mais, ma foy, quand mon cœur se donne,
Tout mon vaillant est engagé.

Des madrigaux, après cela, paraîtront bien fades bien fades, en effet, car voici les plus piquants :

I

Iris, mes yeux mourans, mes pas foibles et lents,
Ma mine languissante et mon visage blême,
Tout cela, belle Iris, est l'effet violent
      D'une semaine de Carême.

II

Quand je vous dis que je vous aime,
Et que mon tourment est extrême,
Vous dites que cela n'est rien ;
Pour me venger je voudrois bien
Que vous en eussiez un de mesme.

III

Adieu à Mme la P. D. T.

Olympe, je vais disparestre.
Mais pourquoy me demander tant,
Éloigné de vos yeux, si je seroy constant ?
Ah ! je n'auroy garde de l'estre,
S'il faut mourir en vous quittant.

Je préfère à ces préciosités galantes, pour lesquelles l'esprit vif et caustique de l'abbé de Francheville avait peu de disposition naturelle et dont il laissait la spécialité à son cousin de Montigny et surtout à son ami l'abbé de Montreuil, un simple quatrain « sur le portrait de M. le maréchal de Rantzau, dont chacun a connu la difformité » :

> Si le pinceau pouvoit aussi
> Représenter l'esprit et la vaillance,
> Il n'est point de portrait en France
> Qui fût si beau que celuy-cy.

Je terminerai par une petite pièce que j'ai hésité quelque temps à insérer à cette place : on la croirait inspirée par l'école réaliste de nos jours, si les disciples de Saint-Amand n'avaient pas commis bien d'autres méfaits de ce genre ; mais nous faisons ici de l'histoire, et ces détails ne doivent pas lui échapper :

Épitaphe du chien de M. de Francheville.

> Cy gist un chien nommé Barbeau,
> Bien morigéné, bien honneste ;
> C'est dommage qu'il estoit beste,
> Car il estoit coquet et beau.
> Chiens passans, pour luy faire feste,
> Vous qui ne pleurez point, pissez sur son tombeau !

Inutile d'insister, n'est-ce pas ? Il y aurait cependant là matière à disserter sur la qualité du goût littéraire au grand siècle : car enfin de telles pièces ne sont pas rares dans ces *Recueils choisis*, où le caprice de l'auteur ne règne pas en seul maître, où l'éditeur trie et sépare ce qu'il sait devoir compromettre le succès de sa publication ; or celle-ci n'est point la plus pimentée. Personne ne s'en choquait alors. Ces sortes de plaisanteries étaient acceptées par tout le monde : on riait, on était désarmé ; devant le *bel esprit* de cette époque, une gauloiserie bien amenée ne fut jamais un cas pendable, et l'abbé de Francheville avait trouvé le sel gaulois dans l'héritage de l'une de ses aïeules.

On ne s'étonnera point, après tout cela, de voir figurer dans la *Pompe funèbre de Scarron,* à la suite du convoi funèbre, « les galants abbés du Buisson, Baraly, d'Ingitmon et *Francheville.* » Que devint ensuite notre poète ?… Il nous serait bien difficile de le dire, au moins pour une période d'une vingtaine d'années. Tout ce que nous savons, c'est qu'il la passa tantôt dans la capitale, tantôt à Rennes ou dans les environs. Une heureuse fortune, telle qu'il n'en arrive pas toujours aux chercheurs, me permet cependant de le suivre à la trace, jusqu'en 1669, dans la correspondance de Chapelain dont M. Tamizey de Larroque va bientôt publier le second volume. Cet obligeant érudit a bien voulu m'en communiquer les épreuves en faveur de la Société des *Bibliophiles bretons,* et j'y ai découvert de véritables richesses d'histoire littéraire absolument inédites.

J'y apprends tout d'abord que l'abbé de Francheville, très reconnaissant envers Chapelain, adressa une ode pompeuse à l'auteur de la *Pucelle* pour ses étrennes de 1660. Chapelain lui écrivait, tout ému, le 14 janvier : « Cette belle ode dont vous m'avez surpris et honoré est *l'une des plus riches bagues de ma couronne* et le plus grand ornement dont mon petit nom se puisse parer à l'avenir… »

Voilà, certes, un éloge fort inattendu. On pourrait croire qu'il n'y a là qu'un premier mouvement, un cri du cœur de vieillard reconnaissant. Non pas, car sept semaines après, le 6 mars, Chapelain adressait une nouvelle épître à notre abbé au sujet de son ode « forte et brillante, » ajoutant : « Quelque Ménardière vous pourra reprocher qu'au moins avés-vous péché dans l'addresse, » et répétera le mot d'Horace : *Ubi plura nitent in carmine.*

Une correspondance très suivie s'engagea bientôt entre le vieux poète et Louis de Francheville. Le 16 octobre 1660, Chapelain, entretenant complaisamment son jeune disciple d'une maladie qui le retenait à la chambre, l'accusait de trop le vanter. « Craignez, lui disait-il, « qu'on ne vous reproche de voir moins clair dans ce sujet qu'en toutes autres choses, et de vous estre souffert éblouir par une estoille qui n'est au plus que de la sixiesme grandeur et qui est beaucoup plus nébuleuse qu'éclatant. Regardés-moi plustost du costé de la probité et de la constance que du costé de l'esprit et du mérite… »

Cette correspondance, fort honorable des deux parts, dura jusqu'en 1669, et, dans ses lettres à d'autres personnages, Chapelain vanta plusieurs fois, pendant cet intervalle, la « délicatesse de la critique » et la « beauté de l'esprit » de l'abbé de Francheville. Je n'ai pas le loisir de donner ici tous ces extraits, mais j'en choisirai trois, qui nous apportent de précieux renseignements biographiques. Le 16 mars 1665, Chapelain écrivait à l'abbé, retiré momentanément à Saint-Jacut[72] : « Je passeray à l'occupation que vous vous estes donnée dans vostre solitude bretonne et à la satisfaction que vous avez de vos entretiens avec la Mère Nature, cette ouvrière divine qui fournit si souvent de nouveaux spectacles à nos yeux et de si rares matières d'exercice pour en déceler les mystères. Je suis fort partial de la politique et de l'histoire, mais la physique non pédantesque l'emporte infiniment dans mon estime ; et n'attendés point que je vous gronde de l'affection que vous me montrés pour sa beauté... »

Puis voici, le 22 mars 1696, une importante nouvelle : « Vous sçaurés que ce cher M. du Chastelet a laissé échapper de son cabinet huit ou neuf cents vers en églogues, élégies et quelques autres poésies, qu'il dit qu'un de ses familiers a fait imprimer à son insçeu. Vous en croirés ce qu'il vous plaira. Il m'en a promis un exemplaire, et Dieu sçait s'il ne vous en envoiera pas plus d'un. C'est toujours le plus délibéré et le meilleur gentilhomme du monde... »

Il s'agit ici de Paul II Hay du Chastelet, l'auteur de la *Politique de France*, et le fils de l'académicien breton. Je ne sache pas que personne l'ait jamais signalé comme poète, et voilà un nouveau chapitre à ajouter à l'*Anthologie bretonne*. Malheureusement, il m'a été jusqu'ici impossible de rencontrer ce volume de poésies et j'en livre le secret à tous les bibliophiles de notre province, pour qu'on puisse quelque jour le reconnaître au passage.

Je terminerai ces extraits par un fragment d'une lettre de Chapelain, dans lequel l'infortuné poète, bafoué par Linière, par La Mesnardière et par Boileau, trace à l'abbé de Francheville un portrait touchant et vrai de sa propre personne. « J'oppose, lui écrivait-il, vostre seule amitié et vostre raison seule à toute la malignité et l'extravagance de cette canaille qui s'est conjurée contre ma médiocrité, et que ma petite fortune irrite, ronge et désespère. Si j'avois besoin de consolation de ce costé-là, je la trouverois entière dans vostre tendre partialité et dans le favorable jugement que vous faittes de ce peu, je n'oserois dire de vertu, que j'ay essayé d'acquérir par une sérieuse application aux exercices que les gens de bien considèrent comme honnestes et louables, sans que ni l'ambition ni l'avarice y ayent jamais eu part, ni y soyent jamais entrées comme motifs de mes desseins et de mes actions. »

L'abbé de Montigny mourut en 1671, et Chapelain en 1674. Que devint l'abbé de Francheville pendant les quinze ans qui suivirent ? Continua-t-il à admirer la *Mère Nature* dans sa solitude bretonne, ou à charmer les ruelles de ses madrigaux et de ses épigrammes ? Il nous est impossible de le dire, car nous perdons absolument sa trace, dans tous les mémoires du temps, jusqu'au moment où il abandonna pour toujours la carrière ecclésiastique.

Ici, l'abbé de Francheville nous ménage une singulière surprise. Changement de décor à vue : — À l'âge de soixante ans, vers l'année 1687, il quitte le petit collet, se marie, prend le nom de M. de Guébriac, et revient définitivement en Bretagne, pour y terminer ses jours. C'est Mme de Sévigné qui nous apprend ces détails. Elle nous fait même de la vieillesse de l'ancien abbé un si charmant portrait que j'aurais mauvaise grâce à ne pas lui laisser la parole. Elle écrivait, des Rochers, à Mme de Grignan, le mercredi 28 septembre 1689 :

« Nous avons ici un abbé de Francheville qui a bien de l'esprit, agréable, naturel, savant sans orgueil ; Montreuil le connaît. Il a passé sa vie à Paris ; il vous a vue deux fois, vous êtes demeurée dans son cerveau comme une divinité ; il est grand cartésien ; c'est le maître de Mlle Descartes ; elle lui a montré votre lettre, il l'a admirée et votre esprit tout lumineux ; le sien me plait et me divertit infiniment : il y a longtemps que je ne m'étois trouvée en si bonne compagnie. Il appelle mon fils *Nate Deâ*, et il me trouve aussi une espèce de divinité, non de *la plebe degli Dei*[73] ; *pour moi, je ne me crois qu'une divinité de campagne*. Mais, voulant rassurer M. de Grignan, qui peut craindre que je ne l'épouse, je l'avertis qu'une autre veuve, jeune, riche, d'un bon nom, l'a épousé depuis deux ans, touchée de son esprit et de son mérite, ayant refusé des présidens à mortier, c'est tout dire ; et lui, après avoir été recherché de cette veuve, comme il devoit la rechercher, a enfin cédé à l'âge de soixante ans, et a quitté son abbaye, pour n'avoir plus d'autre emploi que d'être un philosophe chrétien et cartésien, *et le plus honnête homme de cette province*. Il est toujours à son château, et sa femme, jeune et bien faite, ne croit rien de bon que d'y être avec lui. Il est venu voir mon fils et moi ; et, si nous sommes fort aises de causer avec lui, nous croyons qu'il est ravi de causer avec nous. Cet homme ne vous déplairoit pas : il s'appelle présentement M. de Guébriac ; il est venu de quatorze lieues d'ici nous faire une visite ; l'idée qu'il a de vous me fait plaisir : je ne pourrois guère m'accommoder d'un mérite qui n'auroit aucune connaissance du vôtre[74]. »

J'ai longtemps cherché, sans succès, le nom de cette jeune et riche veuve, qui refusa des présidents à mortier, pour épouser enfin l'abbé de Francheville. Le Cabinet des titres et Saint-Allais m'ont livré la clef de l'énigme. Il s'agit de Jeanne-Françoise de Marbœuf, fille, petite-fille et sœur de trois présidents au parlement de Bretagne, et veuve de Jean-François-Marie du Han, comte du Han, conseiller au même parlement. Elle était donc cousine par alliance de l'abbé, dont la mère était du Han, et le connaissait de longue date. Mais elle n'était pas aussi jeune que veut bien le dire l'aimable marquise, car elle avait épousé son premier mari, le 9 juin 1661: nous devons donc lui supposer, au moment de son second mariage, en 1687, environ 45 ans ;

ce qui n'établit pas trop de disproportion entre les deux époux.

Mais continuons à dépouiller la chronique de Mme de Sévigné. Deux mois après la lettre précédente, elle écrivait encore à Mme de Grignan :

« *Aux Rochers*, dimanche 13 novembre 1689… J'ai reçu une grande lettre de mon nouvel ami Guébriac *loup-garou* ; je vous l'aurois envoyée, parce que son style, qui est naturel, seroit assez aimable, sans qu'il me loue trop : de bonne foi, ma modestie n'a pu s'en accommoder ; il est si étonné d'avoir trouvé une femme qui a quelques qualités, quelques principes, et qui a eu dans sa jeunesse quelques agrémens, qu'il semble qu'il ait passé une vie toujours agitée de passions dans un coupe-gorge où il n'y avoit ni foi ni loi, et où l'amour régnoit seul, dénué de toutes sortes de vertus : cela nous fait dire des choses plaisantes. Il me prie de lui donner ma protection auprès de vous, pour vous supplier, en M. Descartes, de vouloir véritablement l'instruire en cette *Cour d'amour* dont il a entendu parler et qu'il a prise pour une fable[75] ! Il est homme de cabinet et curieux : il veut savoir cette vérité de la gouvernante de Provence, et, si l'on venoit se plaindre à cette cour, si l'on rendoit des sentences, si c'étaient les femmes qui jugeoient ; vous avez de beaux esprits à Arles, et un M. le Prieur de Saint-Jean à Aix, n'est-ce pas ? qui vous dira la vérité de ce fait. Guébriac a trouvé cette feuille pour préface à un livre de *François Barberin*, qui en parle ; je l'envoie à Pauline ; elle entendra peut-être cette prose comme le *Pastor fido*. Voilà une bagatelle dont vous donnerez le soin à quelqu'un, sans vous en inquiéter. Si vous étiez à Aix, Montreuil feroit cette affaire pour son ancien ami, dont l'esprit est très différent du sien ; mais enfin, vous ferez, sans vous peiner, tout ce que vous voudrez[76]. »

Mme de Grignan envoya le mémoire demandé sur la *Cour d'amour*, et Mme de Sévigné, qui montrait déjà ses lettres à Guébriac[77], écrivait à sa fille :

« Du mercredi 4 janvier 1690… La voilà revenue cette lettre du 17 : elle étoit allée faire un petit tour à Rennes ; elle remplit le vide qui me faisoit perdre le fil de la conversation ; j'aurois perdu aussi la plus belle instruction du monde sur cette *Cour d'amour*, dont MON NOUVEL AMI eût été au désespoir. Sa curiosité sera pleinement satisfaite : il avoit reçu sur ce sujet mille autres rogatons qui ne valoient rien. Ah ! que cet Adhémar est joli ! mais aussi qu'il est aimé ! Sa maîtresse devroit être bien affligée de le voir expirer en baisant sa main… Je trouve toute cette relation fort jolie ; c'est un petit morceau de l'ancienne galanterie, mêlé avec la poésie et le bel esprit, que je trouve digne de curiosité[78]… »

L'ancien abbé de Francheville fut absolument du même avis :

« Du dimanche 15 janvier… J'ai envoyé le billet de Bigorre à Guébriac qui vous rend mille grâces : il est fort satisfait de votre *Cour d'amour*[79]… »

On lui témoigna reconnaissance de cette satisfaction en lui communiquant des vers de la charmante vice-reine de Provence :

Du mercredi 25 janvier 1690… Vous m'avez jeté fort à propos vos vers à la tête, pour m'amuser et m'empêcher de voir la petitesse de votre lettre. Je trouve ces vers fort jolis, fort galans sur un sujet nouveau ; mon fils est tout à fait de cet avis. Nous en enverrons une copie à notre ami Guébriac qui en sera charmé : il l'a été de votre *Cour d'Amour*[80]… »

Là s'arrête la correspondance de Mme de Sévigné au sujet de son nouvel ami. Ce qu'il devint ensuite m'échappe absolument : il se contenta sans doute de rester *le plus honnête homme de sa province*. Le Cabinet des titres m'apprend cependant qu'il eut une fille ; mais la généalogie des Francheville s'arrête à la fin du XVIIe siècle, et les descendants de la branche aînée n'ont pu me renseigner exactement sur les derniers rameaux des branches latérales.

Je ne sais pas davantage où ni quand mourut M. de Guébriac. Cela pourrait nous intéresser, s'il avait continué à cultiver la muse, mais il l'avait délaissée pour Descartes, puisque l'aimable marquise ne dit pas un mot de ses poésies.

Ces petites pièces, alertes et sans prétention, ne furent sans doute que des péchés de jeunesse. Peut-être, en 1689, M. de Guébriac lui-même ne s'en souvenait-il déjà plus. Qu'il nous pardonne, du fond de sa tombe, de les avoir tirées de l'oubli, et de regretter sincèrement qu'il n'ait pas cherché, en se livrant plus complètement à l'épigramme, à donner un successeur à Maynard et à Gombauld.

RENÉ KERVILER.

Saint-Nazaire, septembre 1883.

LE PÈRE

GRIGNION DE MONTFORT

(1673-1716)

CONTRAIREMENT à celles de beaucoup de vieux poètes bretons, la vie du Père Grignion de Montfort est très connue ; je dirais qu'elle est accidentée, s'il ne fallait parler en toute révérence d'un aussi saint personnage. Il naquit à Montfort-la-Cane, le 23 janvier 1676 ; en 1706, déjà missionnaire, il partit à pied pour Rome, afin d'obtenir du pape Clément XI l'autorisation d'aller porter l'évangile chez les infidèles ; mais, le pontife lui ayant représenté qu'il aurait assez l'occasion d'exercer son zèle sans sortir de France, il revint en Bretagne, et continua ses prédications, avec la qualité de missionnaire apostolique que Clément XI lui avait conférée ; les autres circonstances de sa vie, ses voyages, les démêlés que sa vive ardeur lui suscita avec le clergé séculier, les succès et les revers de ses nombreuses missions, la construction avortée du calvaire de Pontchâteau, la fondation de l'ordre des *Filles de la Sagesse*, tant de marques de piété intrépide qui devaient ceindre son front de l'auréole des bienheureux, ont été rapportées par ses biographes. Un contemporain, messire Valentin le Fèvre, curé d'Argenton-Château, rend un naïf hommage à ses vertus et à ses luttes dans un petit poème qui fait partie de quelques éditions des *Cantiques* du Père de Montfort ; rappelons, avant de citer quelques strophes de ce poème, que le saint prêtre mourut à Saint-Laurent-sur-Sèvre, diocèse de La Rochelle le 28 avril 1716 :

> De cet éminent personnage
> La Bretagne fut le berceau ;
> Le Poitou rendra témoignage
> Des merveilles de son tombeau…
>
> Que tous les pas de ce grand homme,
> Depuis Rennes jusqu'à Paris,
> Et depuis Paris jusqu'à Rome,
> Soient bien comptez et bien suivis…
>
> Son zèle avoit une industrie

Qu'il déployait dans les besoins ;
La croix est la sage folie
Que le monde ne comprend point.

Il a prêché cette science,
Telle qu'elle étoit en son cœur.
Par les larmes de l'assistance,
On jugeoit du prédicateur.

Nous admirerions la structure
D'un calvaire qu'il élevoit,
Sans les clameurs que l'imposture
Excita contre cet objet.

Un monument recommandable,
Qu'il laisse de sa piété,
C'est le règlement admirable
D'une sage communauté.

On a reconnu dans cette communauté — que l'auteur, avec un peu de préciosité, appelle *sage* — cet ordre admirable qui est, avec celui des Sœurs de Saint-Vincent de Paul, la plus belle personnification de la charité chrétienne. Le chroniqueur des pieuses actions du Père Montfort, qui supplée par la candeur et l'onction à la poésie absente, ne pouvait oublier le plus haut titre du missionnaire à la vénération et à la reconnaissance. Il pouvait parler aussi de la renommée de ses *édifians cantiques ;* » bien plus, en effet, qu'un recueil de sermons assez diffus, et que deux ou trois écrits mystiques, ces *Cantiques* ont été le reflet de la grande popularité de leur auteur ; ils ont eu, aux deux derniers siècles, un nombre considérable d'éditions, les unes bretonnes, les autres poitevines, — ces dernières plus intéressantes, en ce qu'elles renferment une curieuse invective contre Rennes, supprimée par les imprimeurs bretons. J'ai sous les yeux un *Recueil de cantiques spirituels*, édité à Saint-Brieuc, en 1790, qui renferme encore plusieurs cantiques, peu ou point modifiés, de Montfort : les titres seuls sont quelquefois changés ; ainsi *le Pécheur contrit* est devenu *les Regrets d'une âme pénitente* ; mais le texte est le même, et je ne serais pas surpris qu'il se réimprimât encore. C'est que les cantiques du bon missionnaire ont, au plus haut point, deux mérites faits pour attirer les pauvres et les humbles de la Bretagne ou du Poitou, la simplicité qui se met à leur portée, la sympathie d'un compatriote qui les entretient d'objets familiers ; c'était parler aux villageois leur langue même que de leur dire, dans le *Réveille-matin de la Mission :*

> Chers habitans de Saint-Pompain,
> Levons-nous tous de grand matin…
> Cherchons la grâce,
> Ou qu'il mouille ou qu'il glace…
> Laisse tes travaux, laboureur ;…
> Laisse un peu ton bois, charpentier ;
> Quitte un peu ton fer, serrurier.

Tous les corps d'état y passent, et ces bonnes gens, ainsi interpellés, ont couru en masse à la mission. Comme ils devaient entonner à pleins poumons le cantique qui a pour titre : *la Déroute des danses abominables et foires payennes de Saint-Pompain*, où il y a des couplets comme le suivant, qui semble, en son harmonie imitative, redire le cri du marchand forain :

> Gagne petit,
> Quiconque vend à cette foire,

> Gagne petit,
> Grande perte et peu de profit,
> Il vend son âme avec sa bête,
> Il perd son Dieu : quelle conquête !
> Gagne petit.

Le principal défaut de ces ingénieux morceaux est justement de n'être pas de la poésie : c'est de la prose rimée vaille que vaille, sans grand souci de la prosodie et de l'expression ; il faut pardonner au pieux auteur en faveur des conditions du genre, de la noblesse du but et de l'absence totale de prétentions littéraires ; si je ne craignais d'employer un mot profane, je dirais que c'est de la poésie chrétiennement utilitaire. Il y a plus de vigueur encore, et quelque idée du style, dans les cantiques *contre la danse et le bal, cet encens de Vénus* :

> Les pas sont si mesurez,
> Les cadances sont si belles,
> Les auteurs si bien parez,
> Et les chansons si nouvelles,
> Qui pourroit s'empêcher d'aimer ?

contre la comédie et les spectacles, où le Père Montfort se montre aussi rigoureux pour les *baladins* que Bossuet l'avait été pour Molière :

> Malheur à vous qui riez !

leur dit-il, comme le grand évêque au grand poète. Il faut signaler à part le curieux cantique *sur les dérèglemens de*

Rennes ; on ne peut s'empêcher en lisant ces vers, où l'amertume se complique de ressentiment, de songer à la description que Marbode a faite de sa ville épiscopale et à cette malicieuse satire, *le Cours de Rennes,* que M. de la Borderie a exhumée des œuvres du sieur de Cantenac[81]. Un savant s'est amusé à recueillir les épigrammes et les invectives dirigées contre les villes d'Italie ; il aurait pu joindre à sa collection la vénérable capitale du duché de Bretagne. Voici quelques strophes du cantique de Montfort :

> Tout est en réjouissance,
> Monsieur est au cabaret,
> Mademoiselle à la danse,
> Et Madame au lansquenet ;
> Un chacun fait sa bombance,
> Et sans croire avoir mal fait.
>
> Voyez combien d'Amazones,
> Sous leurs habits d'Arlequins,
> Tout découpez, verds ou jaunes,
> Marchans sur leurs brodequins,
> Y font jour et nuit leurs prônes
> Pour séduire les mondains.
>
> Si quelqu'un, plein de courage,
> Veut te braver, sur le champ
> Tes partisans, pleins de rage,
> L'attaquent cruellement,
> Et mettent tout en usage,
> Pour te tromper finement.
>
> Que voit-on en tes églises ?
> Souvent des badins, des chiens,
> Des causeuses des mieux mises,
> Des libertins, des payens,

> Qui tiennent là leurs assises,
> Parmi très peu de chrétiens.

Voilà un tableau peu flatté assurément et plein de méchante humeur, mais qui jette un jour inattendu sur la vie des grandes villes de province au début du XVIIIe siècle ; c'est le commentaire des estampes satiriques et des gravures de modes du temps. Dans le même ordre d'idées, qui porte bonheur au Père Montfort, j'ai fait un emprunt plus sérieux à son cantique, en vers de douze pieds, qui porte ce long titre : *Amende honorable au Très Saint Sacrement, pour tous les pechez qui se commettent dans les églises :* il s'y trouve, à mon sens, le meilleur contingent que le missionnaire puisse apporter à notre *Anthologie :*

> Tout reluit chez Monsieur, il est très bien meublé ;
> L'église est dans l'oubli, l'autel est dépouillé,
> Le pavé tout brisé, le toict sans couverture,
> Les murs tous écroulez, et tous couverts d'ordure.
>
> Si quelque chose est propre en la maison de Dieu,
> C'est le banc de la dame ou du seigneur du lieu ;
> Sur des murs tout crasseux ses armes sont bien peintes
> Si l'on a de la foi, qu'on entre dans mes plaintes.
>
> On voit, au lieu du nom du Seigneur immortel,
> Les armes de Monsieur au milieu de l'autel,
> Le prêtre et le mulet portent ses armoiries,
> L'un l'honore à l'autel, et l'autre aux écuries.
>
> Que de gens chez les grands pour leur faire la cour !
> Leur maison en est pleine et la nuit et le jour ;
> Mais l'église est déserte, elle est abandonnée,
> Une heure qu'on y passe y paroît une année.
>
> On y vient quelquefois, le soir ou le matin,

> Pour voir, pour être vû, pour couper son chemin,
> Pour entendre un sermon qu'un grand abbé prépare,
> Mais pour Jésus-Christ même, oh ! que la chose est rare !
>
> Voyez l'abbé poli, voyez le libertin
> Entrer en nos saints lieux avec un air hautain,
> En riant, en courant peut-être après la bête,
> Et même quelquefois sans découvrir sa tête.
>
> Proche du bénitier il se découvre enfin,
> Il prend de l'eau bénite avec un grand dédain,
> D'une croix estropiée il signe sa poitrine,
> Ou plutôt à la mode, il se joue, il badine.
>
> Un seul genouil en terre, ou comme un chien couchant
> Il recherche des yeux l'objet de son penchant.
> Il cause, il se promène, il sourit, il salüe ;
> Il n'en feroit pas plus s'il étoit dans la rue.
>
> Souvent il n'y vient pas pour adorer Jésus,
> Mais pour y révérer la déesse Vénus ;
> Ses regards, ses soupirs, ses gestes, sa posture,
> Y sont sacrifiez à quelque créature.
>
> Malheur ! jusqu'en l'église il râpe le tabac,
> Il en donne, il en prend *et ab hoc et ab hac,*
> Et cela, sans scrupule, aveuglement étrange !…

Ce n'est pas tout ; à côté de cet élégant, le saint prêtre nous peint une coquette :

> Une femme éventée, enflée en son brocard,
> Sur ses souliers mignons, la tête à triple étage…
> Ses gants, son éventail, son chien, ses ornemens,
> Souvent son Adonis, y sont ses passe tems.

En lisant ces vers si nerveux et que l'on sent si vrais, on se répète des passages de nos grands moralistes mondains ; tel portrait de La Bruyère, celui d'*Iphis*, par exemple, « qui voit à l'église un soulier d'une nouvelle mode, » revient en mémoire, et, tout en s'étonnant que le Père de Montfort ait réservé pour ce sujet la meilleure expression de son talent, on se prend presque à regretter qu'il n'ait pas donné plus souvent carrière au satirique qui était en lui[82].

OLIVIER DE GOURCUFF.

RONDEAUX

SUR LES ROIS DE FRANCE

(1688)

A A Bibliothèque publique de Rennes (n° 7849 du catalogue imprimé) possède un fort rare et curieux volume, dont voici le titre : *Rondeaux sur tous les rois de France et Sonnets sur différents sujets*, — à Nantes chez Joseph Heuqueville, imprimeur et marchand libraire juré de l'Université, au Bon-Pasteur, M.DC. LXXXVIII. C'est un in-quarto de 144 pages, portant un *permis d'imprimer*, fait à Nantes le 3 juillet 1688 et signé Charles Valleton. Le livre n'est cité dans aucun répertoire de bibliographie ; l'auteur était vraisemblablement Nantais, au moins habitait-il Nantes et y avait-il des relations, ainsi que l'atteste un sonnet *à M. de Louvat, gouverneur de Belle-Isle, sur la mort de son fils, pensionnaire au collège de l'Oratoire à Nantes*. L'impression, très soignée, fait honneur à Joseph Heuqueville ; une différence légère d'orthographe et la suppression de la particule, ne m'empêchent pas de regarder cet imprimeur nantais comme le descendant direct de Sébastien de Huqueville ou Hucqueville, aux presses duquel nous devons, entre autres ouvrages, la *Belle et curieuse recherche* d'Albert Padioleau (1631), et l'*Episemasie* de Pierre Biré (1637).

La vogue des rondeaux avait survécu à Voiture, le roi et le maître du genre ; elle venait de s'affirmer par le succès de la bizarre tentative de Benserade (Ire édit., 1676) ; il n'était pas, au demeurant, beaucoup plus singulier de travestir en rondeaux les *Métamorphoses d'Ovide* que de célébrer, aussi en rondeaux, la chevelure de Clodion, la matoiserie de Louis XI ou les conquêtes de Louis XIV ; notre Nantais anonyme dut s'applaudir et être complimenté de cette idée. Ce n'était pas un maladroit, d'ailleurs ; le rondeau, ce petit poème incisif, bien français, et qui attend toujours son Pétrarque, n'avait pas de secrets pour lui ; il y excellait, surtout quand, affranchi des grands souvenirs historiques, il pouvait broder des variations sur cette période, si vague et indéterminée alors, qui va de l'époque gallo-romaine à la fin du moyen âge. Les rondeaux sur Clodion, Mérovée, Childebert, les rois fainéants sont amusants, avec un léger penchant au grotesque et à la caricature ; voici celui de Clotaire III, l'un des plus inconnus de ces *roitelets* :

> Il faut mourir, qui s'en échape ?
> Fussiés-vous caché dans la trape,
> Fussiés-vous marquis ou bourgeois,
> Monarque, prince, ou villageois,
> Ou tôt ou tard la mort vous hape.
> Jeunes et vieux elle vous drape.
> Ah ! je l'entens déjà qui frappe
> À la porte, j'entens sa voix :
>   Il faut mourir.
> Fût-on plus savant qu'Esculape,
> On n'en sauveroit pas le Pape ;
> Le pieux Clotaire, autrefois,
> Tout jeune encor subit ses loix,
> Point de quartier quand elle attrape :
>   Il faut mourir.

À mesure qu'il approche des temps modernes, on sent que le poète est plus gêné dans son essor ; il se tire assez ingénieusement du rondeau sur Louis XI, en faisant courir, d'un bout à l'autre, une fine ironie :

> De tous les rois voici le plus sincère,
> Le plus loyal, sans porte de derrière ;
> On reconnut, dès qu'il estoit dauphin,
> Qu'à la douceur il devoit estre enclin ;
> Jamais enfant plus soumis à son père,
> La piété fut son vray caractère,
> Règne jamais ne fut moins sanguinaire,
> Il affecta d'estre le plus humain
>   De tous les rois.
> Il ne sçavoit que c'est que d'estre fin ;

> On le voyoit aller son grand chemin ;
> Le Bourguignon eut raison de le croire.
> D'attachement à la vie il n'eut guère,
> Avec plaisir souffrant le dur destin
> > De tous les rois.

On voit que notre auteur manie assez dextrement l'ironie, et ce n'est pas là un exemple isolé ; j'aurais pu citer le *finale* du rondeau sur Clovis III, prince qui *apprenoit le latin* :

> Ce latin-là cent fois m'a pensé faire
> > Mourir tout jeune ;

et ce trait contre les médecins, à propos de Charles le Chauve :

> Son médecin, corrompu par finance,
> L'empoisonnant, le ravit à la France…
> Nos médecins sont plus habiles gens ;
> Sans nuls boucons[83] ils abrègent nos ans,
> Asses souvent d'une simple ordonnance.

La lecture des *Rondeaux* m'a aussi révélé, chez le poète, une certaine indépendance d'esprit, une certaine liberté de critique ; tout bon catholique qu'il est, il blâme le massacre de la Saint-Barthélemy :

> Des huguenots la funeste insolence,
> Sous Charles neuf, fut grande en notre France ;
> Pour extirper ce fatal ennemy,
> La nuit d'avant la Saint-Barthélemy,
> On en tua partout, à toute outrance.
> Plusieurs ont cru qu'un peu moins de vengeance
> Eût été mieux, outre qu'en abondance
> On trouva morts des innocens, parmy
> > Des huguenots.

Il est juste d'ajouter que les *rondeaux* sur Louis XIV (il y en a douze) respirent l'enthousiasme le plus ardent ; ils embrassent les sujets les plus variés, la création de l'hôtel des Invalides, la fondation de Saint-Cyr, l'édit sur les duels, la réforme des ordres religieux ; celui-ci, à propos de la répression sévère des pirateries barbaresques et du bombardement tout récent d'Alger par Duquesne (1681-83), n'est pas le moins curieux :

> Il vous en cuit, lâche et maudite race
> D'avoir naguère encouru la disgrâce
> D'un potentat qu'il falloit ménager ;
> De ce qu'il a fait contre votre Alger,
> De vos esprits le souvenir s'efface.
> De l'insulter vous avez eu l'audace !
> Oh ! Louis rend bien pain blanc pour foüace,
> Et, puis qu'encor vous voulez en manger,
>   Il vous en cuit.
> Pendant qu'icy la rime m'embarrasse,
> Je voudrois voir ce qui chés vous se passe ;
> À votre avis sçavons-nous nous vanger ?
> Offence-t-on les François sans danger ?
> Le feu punit maintenant votre audace.
>   Il vous en cuit.

Avec les empereurs romains, notre anonyme avait ses coudées plus franches qu'avec les monarques nationaux ; il a pourtant suivi Suétone plus fidèlement que Mézeray ; le rondeau sur Vitellius est des plus piquants qu'il ait faits :

> Le gros glouton qu'il est Vitellius !
> Chaque repas coûte dix mille écus,
> Et tous les jours il en veut faire quatre,
> Ni plus ni moins, sans hausser ni rabattre.
> Tels avaleurs ont-ils du superflux ?
> Des mets exquis de tous cotez venus,

> Et jusqu'à luy dans Rome non connus,
> Luy sont servis à table pour l'ébattre,
> > Le gros glouton !
> Son seul plaisir et ses seules vertus
> Il les mettoit, ainsi que les goulus,
> À vaillamment de toutes dents combattre ;
> Mais quelqu'un vient son appétit abattre,
> Et fait si bien qu'il ne mangera plus,
> > Le gros glouton !

On sait que le refrain joue, dans l'ensemble du rondeau, le rôle capital, et qu'il en est à la fois — comme dit M. de Banville (*Petit traité de poésie française*) — le sujet, la raison d'être, et le moyen d'expression ; or je doute que Voiture lui-même, l'auteur de si exquis refrains de rondeaux, en ait trouvé beaucoup de plus persuasifs, de plus mordants, de mieux en situation, que celui-ci, appliqué au César gargantuesque : *le gros glouton !*

À la suite de ces pièces que l'on peut presque dire historiques, se lisent d'autres rondeaux sur *différents sujets* (quelques-uns de circonstance ou de complaisance, *sur une décollation de saint Jean-Baptiste qui étoit dans la chambre de Madame de *** ; sur un portrait du bienheureux Pierre de Luxembourg, etc.*) ; puis des fables (toujours en rondeaux) imitées ou plutôt assez faiblement parodiées de La Fontaine (*l'Agneau et le Loup, le Renard et les Raisins*) ; enfin, des rondeaux philosophiques (quel assemblage de mots et de choses !) sur l'*Universel des philosophes ; sur ce que dit M. Gassendi ; sur le Pyrrhonisme réfuté*. Voici une strophe familière, triviale même, de ce dernier :

> Les sens souvent et le raisonnement
> Errent ; hé bien ! suivons-les prudemment.

> Du pain n'est pas du jambon de Mayence,
> Le goût le dit, à Rome comme en France,
> Vous le nieriez des lèvres seulement.

Le plus intéressant de ces rondeaux métaphysiques et qui a surtout, à nos yeux, le mérite de rattacher à la Bretagne le grand homme qu'un accident fortuit de naissance a seul pu lui faire contester, est écrit *sur M. Descartes*; quoiqu'il y ait un demi-calembour dans le refrain du rondeau, l'auteur parle sérieusement, en cartésien résolu, en adversaire déclaré de la philosophie scolastique :

> Descartes, ce sçavant génie,
> Qui réduit Scot à l'agonie,
> Sortoit originairement
> De Bretagne, et d'un noble sang ;
> Est-il un Breton qui le nie ?
> Du monde, eût-on cent ans de vie,
> On ne peut sçavoir l'harmonie,
> À moins d'avoir absolument
>   Descartes.

> Par luy de l'Echole est bannie
> Cette chicane d'Hibernie,
> Des pédans le doux élément ;
> À vous le dire franchement,
> Mon plaisir est, quand je manie
>   Descartes.

La seconde partie du volume qui nous occupe, beaucoup moins importante, à tous égards, que la première, est remplie par une quarantaine de sonnets. Ils sont très variés d'objets ; il y en a qui se rapportent à des événements d'intérêt public (*sur le rétablissement de la santé du Roy, sur la mort du prince de Condé*), d'autres, à des faits de moindre importance (celui, par exemple, *sur l'embrasement de la cathédrale de la Rochelle)* ; la plupart sont tirés de l'Ancien ou du Nouveau Testament, paraphrasant des scènes de la Bible ou de l'Évangile. Les uns et les autres sont au-dessous du médiocre, comme pensée et comme expression ; les tours ingénieux, la concision et le nerf qui plaisent et charment, dans les rondeaux, font place ici à un style mou et traînant, sans le moindre relief ; ce serait, s'il n'y avait des références au précédent recueil, à croire que les sonnets sont d'une autre main que les rondeaux. Le premier des sept sonnets bibliques, consacrés à Judith, est le seul qui m'ait offert quelques traits heureux :

> Dans la crainte du Ciel, à la fleur de son âge,
> La divine Judith occupe tous ses jours ;
> Et, passant loin du monde un tranquille veuvage,
> Sçait défendre à son cœur de secondes amours.
>
> Sur son corps délicat un poil rude et sauvage
> Luy tient lieu d'ornement et de riches atours ;
> Ses longs jeûnes, au lieu de plomber son visage,
> Semblent, pour l'embellir, lui prêter du secours.
>
> Pendant qu'en sa maison, avec son domestique,
> À servir le Seigneur entière elle s'applique,
> Ses appas négligez ont plus de majesté.
>
> Calliste, qui toujours voudriez estre belle,
> Ayez pour les plaisirs une haine mortelle,
> Puisque la pénitence augmente la beauté.

Si je cite encore le sonnet, dont j'ai déjà fait mention, à M. de Louvat, c'est uniquement parce que son titre atteste les relations bretonnes de l'auteur, et le pose dans un milieu nantais ; ce sonnet est une amplification quelconque, et, au point de vue littéraire, le plus léger rondeau, un nouveau *Vitellius* eût bien mieux fait notre affaire :

> Il n'est plus, ce cher fils; la Parque impitoyable,
> Cueillant dans son matin la plus belle des fleurs,
> Nous la laisse arroser d'un déluge de pleurs,
> Et se fait de nos cris un spectacle agréable.
>
> Déjà, plein du désir de vous être semblable,
> D'un cœur noble il montroit les naissantes ardeurs,
> Et les grâces, en luy, prodiguant leurs faveurs,
> À l'envy s'efforçoient de nous le rendre aimable.
>
> Ô ciel, s'il ne devoit être vu qu'un moment,
> Tu devois épargner tes dons en le formant;
> Moins parfait, il nous eût demandé moins de larmes.
>
> Mais, puisqu'en luy donnant cet esprit et ce corps,
> À pleines mains sur luy tu versas tes trésors,
> Pour ta gloire il falloit conserver tant de charmes.

OLIVIER DE GOURCUFF

LE BOMBARDEMENT

DE SAINT-MALO

(1694)

De nombreux manuscrits, conservés dans les Archives et à la Bibliothèque de Saint-Malo, le *Mercure galant* de 1693, et, d'après lui, le *Magasin pittoresque* de 1844, ont raconté les événements dont s'est fidèlement inspiré le poème que j'ai sous les yeux : *Le Bombardement de Saint-Malo ou relation de ce qui s'y est passé jour pour jour, poème lyrique*. — À Saint-Malo, chez Raoul de la Mare, imprimeur et marchand libraire, MDCXCIV. — Le petit in-8º de 64 pages comprend 112 stances en dizains, partagées en 9 odes, et, de plus, un quatrain et trois sonnets. L'auteur anonyme a dû s'improviser poète pour la circonstance ; il a suivi, pas à pas, avec une naïveté précieuse, les phases de cette expédition tragi-comique, d'où l'Anglais se retira tout penaud, avec sa courte honte ; les titres des odes, que j'ai transcrits, diront le soin minutieux qui les a dictées : *Ode I, approches de l'ennemy, le 26 de novembre, vers le soir ; Ode II, premier bombardement, à sept heures du soir ; Ode III, expédition des Conchées, le 27 ; Ode IV, second* *bombardement, sur le soir ; Ode V, expédition de Cézambre, le 28 ; Ode VI, suite de l'expédition de Cézambre ; Ode VII, troisième bombardement et retour à Cézambre, le 29 au matin ; Ode VIII, machine infernale, le 29, à sept heures du soir ; Ode IX, suite de la machine et retraite des ennemis.*

On le voit déjà, c'est une espèce de gazette rimée, un bulletin du siège, tour à tour enthousiaste ou moqueur, soit qu'il glorifie la vaillante cité, soit qu'il nargue l'ennemi :

> Nos Malouins, qui ne respirent
> Que la vengeance et les combats,
> Pointent leurs canons et les tirent,
> Et font toujours quelque fracas.
> Ici l'un vous jette une bombe
> Si juste, qu'on la voit qui tombe
> Sur les ennemis en morceaux ;
> Un autre là, d'un bras robuste,
> Vous pointe le canon si juste,
> Qu'il donne aussi dans les vaisseaux.

Retournons la médaille ; que voit-on, après le bombardement ?

> On voit, au lever du soleil,
> (Chose qu'on aura peine à croire,
> Quand, un jour, on lira l'histoire)
> Qu'on n'a perdu que du sommeil.

L'expédition des Conchées, rocher sur lequel on ne faisait que creuser les fondements d'un nouveau fort, ne réussit qu'à déranger de leurs travaux quelques ouvriers pacifiques ; c'est encore un coup d'épée dans l'eau, où vont s'égarer tant de bombes *londriennes* ; quant à l'échauffourée de Cézambre, le pillage du couvent des

Récollets, et les sacrilèges horreurs qui le rendent odieux n'en atténuent pas le côté ridicule :

> L'Anglois approche donc de terre,
> Il y met pied, il y descend,
> Toujours en main le cimeterre ;
> Mais Dieu sçait si l'on s'y défend.
> Un pauvre gouteux, avec peine,
> Vient au devant du capitaine,
> (C'est un des frères Récollets,)
> Un frère simple et sans malice,
> Qui luy fait offre de service,
> Qui luy présente ses respects.

Mais c'est sur la fameuse machine infernale, que les Anglais, dans leur dessein d'anéantir la ville, lancèrent, le dimanche 29 novembre, sur ce monstre au grotesque avortement, que notre auteur allume et concentre sa verve caustique ; la formidable machine ou *carcassière* infernale, que le bénédictin breton, Dom Leduc, a célébrée en vers latins, et que M. l'abbé Poulain, auteur d'une intéressante histoire de Duguay-Trouin, (Paris, Didier, 1882), a trouvée décrite dans plusieurs manuscrits du temps, était — dit un contemporain — l'ouvrage d'une vengeance outrée et d'une haynerecuite, et le plus beau chef-d'œuvre du prince d'Orange. » Écoutez comment en parle le poète :

> Figurez-vous donc un navire,
> De trois ou quatre cens tonneaux,
> Si bien fabriqué qu'on l'admire,
> Et qu'on l'estime un des plus beaux ;
> Un grand navire, où sont encloses
> Mille et mille terribles choses ;
> Un grand navire à triple pont,
> Dont les spacieuses entrailles
> Sont toutes pleines de mitrailles :

Voyez combien il est profond !

Ce ventre si gros et si large,
Dont le poids fait trembler la mer,
N'a pour cargaison et pour charge
Que des marchandises d'enfer.
On y conte cinq cens dragées,
Du goût des âmes enragées ;
Pour parler sans obscurité,
Ce sont cinq cens bombes terribles,
Dont cent matières combustibles
Remplissent la capacité.

Ces bombes sont pleines de soufre,
De salpêtre et de vitriol,
De nitre, de camphre et de poudre (*sic*),
De résine et de pétréol,
Toutes matières inflammables
Et d'enflammer aussi capables,
Parce qu'elles ont plusieurs trous,
Par où ces pâtes allumées,
Par où ces pâtes enflammées,
Peuvent se distiller sur nous.

Elle était assez bien concertée, comme on le voit, cette nouvelle *Conspiration des poudres*, aussi malheureuse que la première ; les Anglais employaient, 150 ans avant l'invention de la dynamite, des agents de destruction qui ont acquis une triste célébrité. Mais j'ai promis de l'ironie ; elle éclate dans les vers suivants. Maladroitement dirigée, la machine « perd la tramontane, » on y met le feu, mais, « comme cet amas d'artifice n'avoit pas la vertu de projection, il ne fit que s'élever en l'air et se répandre de tous costés, sans faire grand mal à la ville ; » il y eut beaucoup de bruit, beaucoup de bris, mais pas d'accident de personne :

> Aux premiers rayons de l'aurore
> L'Anglois, du bord de ses vaisseaux,
> Voit que nous subsistons encore,
> Nous, nos maisons et nos châteaux.

On s'approche, à marée basse, de la carcasse du monstre : les femmes, les enfants le considèrent, comme les Troyens le fameux cheval ; et notre poète d'apostropher ainsi l'Anglais, qui met à la voile et

bat en retraite :

> Entre dans ta superbe Londre,
> Le front couronné de lauriers,
> Disant que tu viens de confondre
> Les plus redoutables guerriers ;
> Que la basse et la haute Chambre
> Te couronnent roy de Cézambre ;
> Que les places de la Cité
> Soient des plus belles fleurs jonchées ;
> Honneur au prince des Conchées !

Le brave Malouin ne tarit pas sur ce sujet, il l'agrémente d'un mauvais jeu de mots : « Si tu reviens encore à Saint-Malo, » — s'écrie-t-il, — « fais à Dieu cette prière : *Sed libera nos a malo ;* » et il décoche encore cette épigramme au bombardeur :

> L'Anglois, semblable à la montagne
> Qui n'enfanta qu'un simple rat,
> Dans sa malouine campagne,
> N'a fait mourir qu'un pauvre chat.

Il paraît que le fait est avéré, car un manuscrit du temps, cité par l'abbé Poulain, dit expressément : « Il n'y eut personne de tué, excepté un chat dans une gouttière »

Les trois sonnets qui terminent le volume, et dont l'un est signé F. T. C. M. B. I., ne valent pas qu'on s'y arrête ; ils n'ajoutent rien au mérite du petit poème, qui m'apparaît comme la revanche ingénieuse de l'esprit gaulois sur la force lourde et gauche ; toutes proportions gardées, c'est un peu David raillant Goliath étendu. À force de sincérité, de bonne humeur et de malice, l'anonyme Breton a rendu moins sensibles les faiblesses et les incohérences de son style ; il serait à souhaiter, après tout, que chaque petit lait de notre histoire nationale fût illustré par le témoignage rimé d'un contemporain, — ce contemporain fût-il *poète, malgré Minerve.*

Olivier de Gourcuff.

COMTESSE DE MURAT

(1670-1716)

Henriette-Julie de Castelnau naquit à Brest, en 1670 ; elle était fille de Michel II, marquis de Castelnau, gouverneur de cette ville, et mestre de camp de cavalerie ; il mourut d'une blessure à Utrecht, à l'âge de 27 ans, et laissa sa fille, alors âgée de 2 ans, aux soins de sa veuve, qui était fille d'un maréchal de France.

Henriette-Julie, élevée par sa mère, vint à Paris, à l'âge de 16 ans, et y épousa le comte Murat, dont la famille se trouvait alliée à celle des La Tour d'Auvergne. La jeune femme fut présentée à la reine Marie-Thérèse d'Autriche ; elle parut à la cour avec le costume breton, et tous les poètes d'alors célébrèrent la beauté et l'esprit de la jeune *Brette*. Fascinée par l'adulation, Henriette se crut tout permis, et se livra à son penchant pour les épigrammes ; Mme de Maintenon la fit exiler à Loches, comme ayant participé à un libelle contre la cour. Elle composa beaucoup d'ouvrages dans sa retraite.

Enfin, après vingt ans d'exil, le Régent, sur la demande de Mme de Parabère, rendit la liberté à la comtesse Murat, mais elle n'en jouit pas longtemps, et mourut, le 24 septembre suivant (1716), à son château de la Buzardière, dans le Maine, à l'âge de 46 ans. Elle ne laissa pas d'enfants, et fut le dernier rejeton de l'ancienne famille des Castelnau du Bigorre.

Elle a composé :

1º *Mémoires de Mme la comtesse M.*, — pour servir de réponse aux *Mémoires de M. de Saint-Evremond*. Paris, 1697, 2 vol. in-12.

2º *Nouveaux contes de Fées*. Paris, 1698, 2 vol. in-12.

On remarque dans ces contes *le Parfait amour, Anguillette, Jeune et Belle, le Prince des feuilles, le Palais de la vengeance.* Ce dernier récit renferme beaucoup d'allégories ; on y voit une aigrette de muguet qui combat les enchantements, puis une émeraude et une feuille de rose miraculeuses. Les deux amants, condamnés à se voir toujours, éprouvent la satiété, cet ennemi du bonheur terrestre ; ils cherchent vainement à retrouver l'aigrette de muguet qui doit les rendre invisibles.

> Avant ce temps fatal les amants trop heureux
>   Brûloient toujours des mêmes feux.
> Rien ne troublait le cours de leur bonheur extrême.
> Pagon [l'enchanteur], leur fit trouver le secret malheureux
>   De s'ennuyer du bonheur même.

Il y a également, dans *le Prince des feuilles* des détails très poétiques, *le Myrte animé, le Papillon couleur de feu,* etc.

Le conte de l'*Heureuse peine* se termine ainsi :

> Tant qu'amour fait sentir ses peines, ses tourments,
>   Et les doux transports qu'il inspire,
>   Il reste cent choses à dire
>   Pour les poètes, les amants ;
> Mais, pour l'hymen, c'est en vain qu'on réclame
> Le dieu des vers et les neuf doctes sœurs ;
> C'est le sort des amours et celui des auteurs
>   D'échouer à l'épithalame.

3° *Le voyage de campagne.* Paris, Mme Barbin, 1699. 2 vol. in-12. Roman très bien écrit.

4° *Histoire de la courtisane Rodopa.* Loches, 1708.

5° *Histoire galante des habitants de Loches* (désignée sous le nom de Ségovie).

6º *Les Lutins du château de Kernosy*, nouvelle historique. Leyde (Paris), Lefèvre, 1710-1717. 2 vol. in-12.

Sur la première page d'un exemplaire de ce dernier roman faisant partie de la collection de M. Paulmy d'Argenson, je lis :

« Joly roman, de la gayeté, du bon ton, de l'esprit, de l'intérêt ; il y a deux jolys contes de fées, dont l'un, qui s'appelle *Estoilette*, est à peu près le sujet même de l'opéra comique d'*Aucassin et Nicolette*. »

Un des derniers ouvrages de Mme Murat s'intitule : *Histoires sublimes, et Allégories dédiées aux fées modernes*, Paris, 1699. Delaulne. 2 vol. in-12. Suivant l'*Histoire littéraire des Dames françaises*, le *Sauvage* est le plus joli de ces derniers contes.

Nous avons lu, sur la première page des *Histoires sublimes* (collection de la bibliothèque de l'Arsenal), ces mots, écrits de la main de la comtesse :

« Ces contes sont de moy, la comtesse Murat, de qui j'ay plusieurs autres contes et romans très estimés ; ceux-ci sont les plus méchants. »

On possède encore, du même auteur, un *Dialogue des Morts*, un conte en vers, intitulé *le Bonheur des Moineaux*, des chansons, des poésies fugitives, publiées en 1757 par Moncrif ; on trouve, dans ce recueil, ce spirituel couplet, tant de fois répété :

> Faut-il être tant volage ?
> Ai-je dit au doux Plaisir :

Tu nous fuis, las ! quel dommage,
Dès qu'on a pu te saisir.
Le Plaisir, tant regrettable,
Me répond : Rends grâce aux dieux ;
S'ils m'avoient fait plus durable,
Ils m'auroient gardé pour eux !

Il existe, dans la collection du marquis d'Argenne, un manuscrit contenant des lettres de Mme Murat, de petits romans et des nouvelles.

Je détache de ses annales poétiques trois petites pièces encore :

La Discrétion

Si quelqu'un, bien traité des belles,
Fait, des faveurs qu'il obtient d'elles,
Un trophée à sa vanité,
Qu'il soit partout si mal traité,
Qu'il ne trouve que des cruelles.
Aimer à publier les grâces qu'on reçoit
Marque, ordinairement, qu'on les sent comme on doit.
En amour, c'est une autre affaire,
C'est les bien ressentir que de les bien céler,
Et, si l'ingratitude est ailleurs à se taire,
En amour, elle est à parler !

L'Épître à Lisette

Muse de tous nos jeux, objet de nos hommages,
Songez que le dépit se mêle à nos suffrages,
Lorsque vous empruntez des travestissements
Trop peu dignes de vous, malgré leurs agréments ;

D'un naturel heureux l'ascendant est extrême.
Pour nous plaire toujours, soyez toujours vous-même ;
Sous des myrthes fleuris, dans des palais charmants,
Devenez-vous princesse ou compagne de Flore,
Vous causez dans les cœurs de doux ravissements,
Un murmure s'élève, éclate, augmente encore ;
Vous entendez partout des applaudissements.
Quel triomphe flatteur ! C'est un peuple d'amants
      Qui couronne ce qu'il adore !
Hé bien ! croyez-les donc, ces cœurs que vous troublez.
Sous les vains ornements que votre art nous présente,
      Vous n'êtes jamais plus charmante,
      Que lorsque vous vous ressemblez !

L'Hyver de 1709 (chanson)

Le tendre Amour soupirant
    Hier disoit à sa mère :
Je ne sais quel accident
    A fait geler ma terre ;
Mais il fait bien mauvais temps
    Dans l'île de Cythère !

Les amoureux sont transis,
    Auprès de leur bergère ;
Dans ses doigts on voit Tircis
    Souffler et ne rien faire.
Ah ! que de cœurs engourdis
    Dans l'île de Cythère !

Il nous faudroit des amants
    Discrets, mais téméraires,
Qui ne fussent pas tremblants,
    Mais ardents et sincères ;
Tels ne sont pas ceux du temps
    Qui règne dans Cythère !

Après le froid c'est la faim
    Qui nous livre la guerre ;
On appauvrit le terrain
    D'Amour et de sa mère ;
On n'a plus que mauvais grain
    Au marché de Cythère !

Jadis on alloit semant
    Le grain en bonne terre,
On faisoit facilement
    Une récolte entière ;
Que de déchets à présent,
    Dans l'île de Cythère !

L'on apportait à foison
    Farine aux boulangères ;
Dans cette morne saison,
    À peine les meunières
Retirent-elles du son
    Des moulins de Cythère !

Comte de Saint-Jean

JULIENNE CUQUEMELLE

NÉE VERS 1685.

JULIENNE Cuquemelle naquit aux environs de Rennes, vers 1685 ou 90. Elle publia deux recueils de cantiques : l'un en 1711, l'autre en 1725, in-12.

Cette Bretonne vécut dans la pratique de toutes les vertus et dans l'étude des saintes Écritures ; elle s'était vouée à l'éducation de la jeunesse, qu'elle édifiait et fortifiait par ses exemples.

Il y a dans toutes ses poésies un sentiment profond de piété, uni à une grande simplicité de style.

O'Sullivan fut un de ses admirateurs passionnés ; il lui adressa d'Irlande des vers où il l'appelle *Phénix des Gaules*, *dixième Muse*, *Cynthie bretonne*, etc. ; ce dernier nom lui est resté, bien qu'il ne caractérise nullement son talent.

Elle mourut à Châtelaudren. On ignore la date précise de sa mort comme celle de sa naissance.

J'ai remarqué dans ses œuvres le cantique servant de dédicace (il se chante sur l'air : *J'apercus l'autre nuit en songe*) :

I

Seigneur, bénissez cet ouvrage,
Ce travail, ce petit labeur,

> Que je vous offre de bon cœur ;
> Daignez le recevoir pour gage
> De mon respect, et du désir
> Que j'ai de vous plaire et servir.

{{t3|II
> Verbe divin, grand roi des anges,
> Souverain monarque des cieux,
> Agréez que, dans ces bas lieux,
> J'annonce et chante les louanges
> De la Mère du bel amour
> Reine de la céleste cour.

{{t3|III
> Éclairez-moi de vos lumières,
> Esprit saint, et ne permettez
> Que j'altère les vérités
> De nos très augustes mystères,
> Et que je tombe dans l'erreur
> Que je déteste avec horreur.

Les paraphrases sur les hymnes de la sainte Vierge et surtout le cantique sur l'Immaculée-Conception ; les cantiques sur les Commandements, les Vertus théologales, les sept péchés capitaux, les huit Béatitudes, sont très beaux.

Dans le second volume, je remarque : les *Mystères*, et un dialogue des bergers sur la naissance du Christ, morceau plein de naïveté :

> Damon porte à ce poupon
> Langes et couvertures,
> Et la charmante Alizon,
> Sachant ce qu'il endure,
> Lui porte ce qu'elle a de bon,
> Pain, bois, farine pure.

Jeanne porte un agnelet,
 Une bonne canette ;
Alcidon un mantelet,
 Et l'aimable Lisette
Quelques fruits, du beurre et du lait,
 Avec une poêlette.

Tircis.

Ah ! bergers, je n'ose entrer,
 Car, parmi sa misère,
Je vois dans ses yeux briller
 Une vive lumière ;
Allez les premiers l'adorer,
 Je marcherai derrière, etc.

Puis vient l'adoration des rois mages.

Julienne a fait un acrostiche ; ce devait être alors une grande difficulté vaincue :

J ésus, mon tout, mon bien
E t le roi de mon âme,
S eul objet de ma flamme,
U ous êtes mon soutien.
S ans vous, tout ne m'est rien !

Qu'il nous soit permis de citer, en terminant, une phrase du prêtre et docteur en théologie, *Saint-Pierre de la Passion*, au sujet de cet ouvrage :

« Le Seigneur se plaît en cette occasion, comme en beaucoup d'autres, à nous faire connaître que le mérite, la piété et la science sont de tout sexe, et que chacun doit répondre aux lumières qui lui sont envoyées du ciel, et aux talents que Dieu lui a confiés. »

Ce savant docteur, s'il vivait de nos jours, trouverait, il nous semble, un grand nombre de contradicteurs.

LE PÈRE ALEXANDRE

(VERS 1669)

A ux Archives départementales d'Ille-et-Vilaine, dans une liasse du fonds des Carmes de Rennes, nous avons trouvé deux pièces de vers de même écriture — une chanson et un poème, — parfaitement inédites et inconnues. Le poème, en vers de huit pieds, est intitulé : *Le voiage du P. Alexandre de Rennes à Brest, et son retour.* Il a plus de quinze cents vers, mais n'est pas daté. — La chanson, dans le genre burlesque comme le poème, est dirigée contre un père Carme qui avait été procureur du couvent de Ploërmel et qui, pendant son triennat, avait supprimé toutes les dépenses artistiques destinées à l'embellissement de l'église, peinture, sculpture, etc., et consacré toutes ses ressources à divers genres de trafic, spécialement à l'élève des cochons. Aussi y avait-il gagné le surnom de *Père aux pourceaux*, comme le constate le premier couplet de la chanson :

> Voylecy le Père aux pourceaux (*bis*),
> Qui s'en veniont du païs haut
> Avecque barques et bateaux
> > Pleins de vins,
> > De raisins,
> > Cuir de bœuf
> > Franc et neuf,
> > Moût d'Anjou
> > Du plus doux.
> > Voylecy, voylelà (*bis*),
> Voylecy le Père aux pourceaux (*bis*).

Cette chanson est signée : *.l…dre.* Elle suscita, de la part du Père aux pourceaux (en religion Sulpice de Saint-Vincent), une lettre de protestation du 8 juin 1669, qui a été conservée, qui date la chanson et indique l'époque de son auteur.

Il semble toutefois que le P. Alexandre n'habita le couvent des Carmes de Ploërmel qu'après avoir résidé plus ou moins longtemps dans celui de Rennes. C'est de ce dernier qu'il partit pour faire le voyage de Brest dont il a laissé le récit en vers, composé par conséquent quelque peu avant 1669.

Ce récit est moins intéressant qu'on aurait lieu de s'y attendre, parce que le bon Père se borne exclusivement aux incidents qui lui sont personnels et consacre d'une façon un peu monotone la plupart de ses vers à peindre sa reconnaissance — fort expansive — pour les hôtes qui l'ont bien reçu, bien traité le long de sa route. Toutefois, arrivé à Brest, il se départ de ce système et décrit avec de grands développements l'état de ce port, hommes et choses, vers 1665. Nous citons tout ce morceau, dont la faiblesse poétique est rachetée par l'intérêt qu'il présente pour l'histoire de Brest. Le P. Alexandre, à son ordinaire, commence par décrire son arrivée et son installation personnelle en cette ville.

A. DE LA B.

> J'arrive aux Carmes déchaussez,
> Où mes vœux furent exaucez.
> Donnons à un chacun la gloire :
> Le prieur, dit Père Magloire,
> Est très vertueux, très civil,
> D'un esprit perçant et subtil.
> N'ayant pas un lit trop commode,
> Il a soin qu'on m'en accommode
> Un, tout vis-à-vis du couvent,
> Chez de Launay, qui du vin vend :
> Pour enseigne il a la Croix Blanche,
> Qui pour moy fut auberge franche ;
> Car tous les jours des cavaliers,
> Qui dans ce païs sont à milliers,
> Des commandans, des capitaines,
> Des lieutenans, des porte-enseignes.
> Soit de la marine ou du fort,
> Me donnoient favorable abord.
> Je ferois grand tort à ma Muse

Si dans ces vers n'estoit incluse
La liste de ces généreux :
Travaillons donc un peu pour eux.
Béthune, illustre de Béthune,
Que ta gloire n'est pas commune,
Et que nostre prince sçait bien
Qu'il a dans toi un grand soustien !
Il ne faut qu'un pareil illustre
Pour que nos ennemis on frustre
De leur présomptueux desseins ;
Car, quand Béthune a mis les mains
Et a pris le soin d'un navire,
Il n'en est point qu'il ne dévire,
Qu'il ne brise et ne coule à fond.
De Béthune, je fais un bond
Jusqu'à un autre capitaine,
Que l'on ne prend pas sans mitaine.
Comme son nom est fort connu,
Son cœur n'est pas un inconnu :
Valbel, mon généreux, mon brave,
C'est à vous que je fais la salve,
C'est de vous dont je veux parler,
Que ne puis-je vous signaler ?
Mais un petit poète de crotte
Près de tels poussins ne se frotte.
Rosmadec, puissant chevalier,
Je serois fou jusqu'à lier
Si j'avois manqué de vous rendre
Ce qu'un tel que vous doit prétendre :
Pousse donc, Muse, d'un haut ton
La gloire d'un fameux Breton,
Qui s'est fait connaître en la guerre,
Soit sur la mer, soit sur la terre,
Que son esprit sage, prudent,
A fait choisir pour commandant.
Ne diray-je rien d'*Abourville*,
Ce commandant qui toujours brille ?
J'en parlerois, mais son éclat

Met ma Muse et mes vers à plat.
Grand *des Ardans,* fort chef d'escadre,
Mon stile à ta valeur ne cadre ;
Je ne fais que de faibles vers
Soit de droit fil, soit de travers,
Et ta valeur par tout le monde
Paroist à nulle autre seconde.
Des Ardans ne se met à bas
Ny par le haut ny par le bas ;
Un coup de canon luy emporte
Une jambe, mais son cœur porte
Ce coup de foudre, dont l'effort
Eust rendu tout autre corps tort ;
Mais pour des Ardans, de pié ferme
Il pousse tousjours vers son terme,
Il veut la gloire du combat ;
Une jambe deux en abat.
Et son capitaine *La Brousse,*
Qui receut pareille secousse
Au bras que des Ardans au pié,
Ne paroist point estropié :
Quand il est question de combattre,
Il fait tousjours le diable à quatre.
Mille autres j'aurois à nommer
Qu'on pourroit plustot assommer
Que de les voir dans la retraitte,
Avant d'avoir mis en deffaitte
Les ennemis de leur grand Roy.
Mais il n'appartient pas à moy
D'en faire icy tout le partage.
À une autre fois davantage.

Approchons de nostre Intendant :
Voyons cet esprit surveillant,
Admirons sa rare conduite,
Sa raison qui, de tout instruitte,
Agit tousjours incessamment,
Est tousjours dans le mouvement.

Tantost l'arsenal il fréquente,
Tantost les vaisseaux il augmente;
De là il vient voir les mestiers,
Sculpteurs, armuriers, serruriers;
Test après, il passe en reveüe
Les compagnies et leur recrüe.
Bref, pour servir sa Majesté
Son esprit est tout arresté.
Le jour et la nuit il travaille,
Il n'est point de lieu où il n'aille.
En un mot l'intendant *Du Sueil*
Tient à Brest place du soleil.
Ce soleil me fist une grâce
Qu'il n'est possible que je passe.
Connaissant l'extrême désir
Que j'avois, avant de partir,
De voir ces vaisseaux admirables
Et tous les lieux considérables
De Brest, ce beau, ce fameux port,
Aussitôt, il appelle à bord
Et fait amener sa chaloupe,
Disant à la petite troupe
De matelots: «Menez partout,
De l'un jusques à l'autre bout,
Ce révérend père Alexandre.»

Nous alasmes d'abord descendre
Ou, bien mieux, monter au *Soleil*:
Ce vaisseau n'a point de pareil
Pour sa grandeur et sa sculpture,
Largeur, hauteur, force, dorure;
Aussi, pour un grand admiral
Il faut un vaisseau sans égal.
Du *Soleil* ma troupe me mène
Dans le second, nommé *la Reine*;
La Reine, admirable vaisseau,
Après *le Soleil* le plus beau.

Le Saint-Philippe est le troisième ;
Le Tonnant est le quatrième.
Ces quatre vus, je fus content.
Donc, à la sortie du *Tonnant*,
L'on me conduist à Recouvrance,
Pour y voir la magnificence,
L'ordre de ce grand arsenal,
Qu'on peut nommer lieu principal,
À raison de la symétrie
Dont est rangée l'artillerie,
Du grand nombre de mousquetons,
Pistolets, espées et canons,
Piquez, lances, boulets et poudre :
Lieu, dis-je, principal du foudre,
Que Louis, le plus grand des rois,
Fait gronder sur les Hollandais
Et sur tous ceux qui ont l'audace
D'oser lui résister en face.
L'on augmente de jour en jour
Ce lieu, l'objet du bel amour
Des âmes nobles, généreuses,
Fortes, constantes, courageuses,
De ces héros, ces grands guerriers,
Qui sous la charge des lauriers
Prennent leur plaisir et leur ombre.
Ceux qui s'entendent dans le nombre
Disent que, sans exagérer,
On peut facilement ranger
Plus de trente mille en bataille :
Jugez combien faut de ferraille !
Cet arsenal si bien muny
Est, ce dit-on, orné, fourny
Tout comme celuy de Venise :
Qui l'aura veu, qu'il l'authorise !
Pour moy, qui n'y ai pas esté,
Je croy ceux qui me l'ont testé[84].
Cecy vu, je voy la grand'forge :
Le feu qui des fourneaux dégorge

Rend ces malheureux forgerons
Noirs et ardens comme démons ;
Une toute seule chemise
Leur est tout à peine permise,
Encore a-t-elle les couleurs
De celles des vieux ramoneurs.
Ces ancres sortantes des flammes
Font trembler les plus fortes âmes,
Et leur éclat ferme les yeux
À ces estrangers curieux.
Quant à moy, foy du sieur Saint-George,
Si je rentre jamais en forge
Où l'on face un semblable bruit,
Où l'on voie le feu dans la nuit,
Où des forgerons effroiables
Paroissent moins hommes que diables,
Je veux que l'ancre du fourneau
Quitte l'enclume pour ma peau,
Pour qu'à mes despens elle apprenne
Combien c'est une chose vaine
D'aler se gaster les deux yeux
À voir des objets furieux,
Et prodiguer ses deux oreilles
À entendre coups à merveilles
Qui ne font que nous estourdir.

Quant à moi, je vas me gaudir,
Sortant du païs de Recouvrance,
À venir faire révérence
À cet homme de bien, d'honneur
De Cintré, royal gouverneur.
Heureusement je le rencontre ;
Luy rencontré, tout il me montre
La place d'armes, les remparts,
Contrescarpe, éperons, boulvarts.
Que cette place est admirable !
Le donjon en est imprenable.
Une belle collation

Fut la *fortification*,
La meilleure et la dernière ;
Ce gouverneur me fist prière
D'en manger : aussi j'en mangeai.
Grâces rendues, je me rangeai
Chez mon hoste, proche les Carmes..
Je me couchai modestement,
Puis me levai comme devant,
Le soleil frappant ma fenestre.

Adieu Brest, je ne puis pas estre
Plus long séjour à t'admirer.
Ie pourrois en deux traits tirer
Le pourtrait de la corderie,
Sans qu'elle sert en penderie :
Outre que cordiers sont caquins[85],
Et les caquins sont des coquins.
Or je serois plus fou qu'un ivre
De mettre coquins dans mon livre.

Citons encore la naïve description d'un pardon de Basse-Bretagne. Le P. Alexandre était alors au manoir de Kerfors, en la paroisse d'Ergué-Gaberic, à une ou deux lieues de Quimper, chez un gentilhomme appelé M. de la Marche. Le pardon avait lieu en cette même paroisse, à la chapelle de Notre-Dame de Kerdevot. Le bon père avant de quitter Kerfors dit sa messe, puis il s'écrie :

Mais marchons vers cette chapelle.
La Marche, prends ton alemelle[86]
Et moy je prendray mon baston.
N'oubly de porter un teston,
Car en une telle assemblée
Faut boire quelque coup d'emblée.

Allons d'abord nous prosterner
Devant la Vierge et luy donner

Nostre cœur, la priant sans cesse
Qu'elle auprès de Dieu s'intéresse
Pour nous obtenir le pardon :
De tout c'est là le meilleur don !
Un prestre la messe commence,
Nous grossissons son assistance.
La messe dite, nous sortons ;
De ce lien nous nous transportons
Pour voir le grand amas de monde
Qui partout en ce jour abonde.
Un nombre de processions
Font icy leurs incessions[87] ;
Je me souviens de trois ou quatre,
Que je nommeray pour m'ébattre :
Elliant et Landrevarzec,
Les deux Ergué ; surtout Briec,
Qui vient enseignes déployées,
Tambour battant, cinq croix levées,
Est celle qui paroît le plus.
Bref, ce n'est qu'un flux et reflux
De processions qui arrivent,
De processions qui dérivent[88].

Il est temps que nous allions voir
S'il ne pourroit point y avoir
Quelque morceau de boucherie
Dans une pauvre hôtellerie,
Et goûter si le vin est bon.
Cinq ou six, de la connaissance
De la Marche, font révérence
Et s'associent à nostre écot,
Disant vouloir donner leur pot.
Nous nous fourrons dans une grange,
L'un proche de l'autre on se range.
Guérot, messager de Morlaix,
Prend proche de moy son relais,
Un autre près du sieur La Marche ;
Une pièce de bœuf l'on hache,

Aussi bien qu'un morceau de lard.
L'escot n'est pas de conséquence ;
La Marche en paye la dépense.
La compagnie nous dit adieu,
Et nous disons adieu au lieu.

POETÆ MINORES

ARMORICI

J'AI compris sous cette dénomination, renouvelée de l'antiquité, quelques nébuleuses très pâles de la poésie bretonne au XVIIe siècle, auprès de qui Montplaisir et Le Pays, même Auffray et Le Noir, sont des étoiles de première grandeur. Nos poétereaux sont, presque tous, auteurs de pièces liminaires, de stances, de sonnets, de quatrains qui portent aux nues la *Parthenice* de Dadier, la *Zoanthropie* d'Auffray, le *Zodiaque* de Rivière, l'*Emanuel* de Le Noir. Leheulle et Guillaume Lucas, Th. Bertho et de Lanjamet, de la Ville-Geosse et les deux Michel de Rochemaillet, rivalisent d'hyperboles et de flatteries. Ce qu'il y a de moins mauvais dans ce fatras de louanges, ce sont des stances, placées en tête des *Hymnes et Cantiques* d'Auffray, où l'abbé Doremet, chanoine et grand vicaire de

Saint-Malo, apprécie fort judicieusement le talent de son compatriote ; et c'est un sonnet de De Cran Henriet, sur l'*Emanuel* de Le Noir, que l'on peut citer entièrement :

> Que l'on rencontre icy de charmes et d'appas !
> Que notre ame en lisant y gouste de délices !
> La méthode et les vers y sont sans artifices,
> L'on y void de Jésus la vie et le trépas.
>
> L'on void que de l'Enfer la puissance est à bas,
> Tous les efforts sont vains de ses noires malices,
> Nous sommes rachetez de ses cruels suplices,
> Christ nous fait triompher par ses divins combats.
>
> Le Ciel nous est ouvert pour aller à la gloire ;
> En suivant le flambeau de cette sainte histoire,
> Le Noir nous y conduit par un chemin de fleurs ;
>
> Il excelle au Parnasse ainsi que dans les Temples,
> Par son *Emanuel* il corrige nos mœurs,
> Ainsi que fait Rohan par ses rares exemples.

Il conviendrait de mentionner à part, à cause de leur étendue, des *Stances sur l'Histoire des saints de Bretagne d'Albert le Grand*, dues à la plume d'un savant avocat de Nantes, Albert de Launay-Padioleau (1637) ; mais ces stances sont bien faibles et ne m'ont pas semblé plus mériter d'être rapportées ici qu'un quatrain d'un autre jurisconsulte, Pierre Belordeau, écrit *à la mémoire du révérend évêque de Rennes, Messire François Lachiver,* et formant comme la péroraison d'un petit traité, *les Regrets funèbres,* que la mort du prélat avait inspiré à Belordeau. Bien entortillée aussi et bien rocailleuse est une épître d'un certain Y. Fyot, adressée à Charles d'Argentré, fils de l'illustre Bertrand, et imprimée dans la 4ᵉ édition de la *Coutume* de ce dernier (Paris, N. Buon, 1628) ; il y a pourtant, dans cette épître, un portrait très soigné, et assez réussi, du grand magistrat :

> Quand, plus doux que nectar, de sa plume couloient
> Les célestes devis de sa muse privée,
> Ou quand en plain palais, sur la chaire élevée,
> (Vive image d'Astrée à l'œil étincelant),
> Vénérable, il rendoit son oracle parlant,
> De la droite raison inspirant dans les âmes
> Le gracieux attrait et les ardentes flammes
> De sa vertu plus belle en si rare sçavoir ;
> D'Hélicon les lauriers premier il te fit voir,
> Ma Bretagne, et portant en sa main, tousiours vives,
> De justice et de paix les fécondes olives,
> La créance il acquit des peuples et des rois.

C'est dommage qu'il y ait tant d'épithètes et un tour si embarrassé dans ce morceau ; l'image de d'Argentré, de cet émule des de Harlay et des de Thou, est tracée avec l'éloquence qui vient du cœur.

Nous terminerons l'examen de ces poésies par la meilleure d'entre elles ; c'est un véritable poème, de trois cents vers environ, qui sert de frontispice à l'*Histoire généalogique de plusieurs maisons illustres de Bretagne,* du Père Dupaz (1620), et qui est intitulé : *À la gloire immortelle des Bretons* ; il a pour auteur un sieur Jouchault, d'ailleurs inconnu ; il ne manque pas de couleur ni de relief, et il surabonde de patriotisme. L'éloge de la Bretagne, qui ne le cède à aucune nation, qui ne s'est jamais asservie, amène cette apostrophe à la France :

> Grande Reine, tu sçais que ce plaisant séjour
> Ne t'est eschëu de force, ains t'est escheu d'amour,
> Quand, par les loix d'hymen, Anne, notre héroyne,
> À tes Lys annexa les droits de son Ermine.

Un défilé pompeux commence ensuite : ce sont, d'abord, les ducs légendaires et historiques, Conan Mériadec, Hoël, Neomène, puis les preux :

> Du Guesclin n'est-il pas l'ornement de la terre,
> Des Maures la tempeste et l'effroy d'Angleterre,
> Du peuple Ibérien et de ses puissants roys
> L'astre préservateur, ainsi que des François ?
> Montiel, Cnoles, Chisey, Grancon, et mille et mille
> Luy acquièrent un champ en victoires fertile,
> Et font que son triomphe, avec facilité,
> Surgit au rendez-vous de l'immortalité.
> Hé ! qui ne sçait le nom d'Olivier de Clisson,
> Aussi de la Bretagne illustre nourrisson,
> Lorsque, plein de bonheur, il fist son roy sacrer,
> Lorsque victorieux il a fait massacrer
> Les parjures mutins et la bande rebelle
> Qu'avoit fait révolter ce Gantois Artevelle ?

C'est encore Richemont, sans qui

> Le génie, qui tient la couronne françoise,
> Se sentoit terrassé par la fortune angloise,
> Paris estoit changé dans un Londre nouveau.

C'est Pierre de Rohan, tige d'une race glorieuse, ce sont les croisés de Bretagne. A-t-on, s'écrie le poète enthousiasmé, oublié les noms

> De ces pieux Bretons, qui, dans la Palestine,
> Ecrasèrent l'horreur de la gent sarrazine.
> Quand Pierre, Jean, Alain, de divin zèle ardans,
> Trois princes renommés, destruisoient les Soudans,
> De leurs Bretons faisant une invincible armée,
> Pour te rendre ton mieux, ô ville Solimée !

La gloire des armes est l'apanage des Bretons :

> Bref, il ne s'est jamais fait voyage ou conqueste,
> Où tousiours le Breton, plus roide que tempeste,
> Ne se soit eslancé, et, par un brave effort,
> N'ait aussi tost donné la crainte que la mort.

Mais, si les guerriers dominent, d'autres grands hommes, des théologiens, des jurisconsultes, se sont montrés leurs dignes rivaux :

> Combien de cardinaux et de mitrez pasteurs
> Sont issus de Bretagne, et combien de docteurs,
> Abélard et Hervé, Boych, Baron, de Broye,
> Raucelin, Duaren, et celuy qui envoye
> Son nom jusques aux cieux, pour avoir pénétré
> Dedans le cabinet de Thémis, d'Argentré !

Admirable pays, cette Bretagne, — conclut Jouchault, nation dont l'ennemi, dont le temps, n'ont pu changer *le droit municipal*, ni la langue,

> Le langage certain dont les Gaules illustres
> Se servoient dignement, il y a mille lustres.

À ce dernier trait surtout, à cet attachement pour le vieil idiome, qui était cultivé dès le début de l'ère chrétienne, on ne peut méconnaître un Breton.

Les vers, que je veux citer à présent, n'ont rien de bien remarquable, mais ils démontrent qu'il y avait en Bretagne, au XVIIe siècle, des cercles de beaux esprits, où l'on s'occupait de poésie. Le 11 janvier 1632, Philippe de Cospéan, alors évêque de Nantes et l'un des hommes les plus distingués de son époque, célébrait solennellement, dans son église cathédrale, le sacre d'un religieux de son diocèse, qui venait d'être promu évêque de Saintes ; à cette occasion, et pour payer au nouveau prélat un tribut de félicitations et de regrets, plusieurs notables habitants de Nantes composèrent des vers ; l'un d'eux, le sieur du Housseau-Poulain, avocat du roi au présidial de Nantes, écrivit le petit poème suivant, où il fait parler *le Génie nantois* :

> Prélat sacré, tu vois de Nantes le Génie,
> Qui salüe le tien en ce célèbre jour,
> Et te vient tesmoigner, en ceste compagnie,
> Par l'excès de son dueil, celuy de son amour.
>
> Excuse le regret sensible qui me touche ;
> Si mon front et ma voix sont tristes aujourd huy,
> Je ne sçaurois avoir le ris dedans la bouche,
> Et porter dans le sein la douleur et l'ennuy.
>
> En me représentant que le jour de ta feste
> Sera bientost suivy de ton esloignement,
> Je dis qu'en te posant la mitre sur la teste,
> On m'arrache du chef mon plus cher ornement.
>
> Ce pompeux appareil m'est un sujet de plaintes,
> Ces trophées me sont importuns en effet,
> Et ne puis sans gémir voir la ville de Xaintes
> Qui triomphe chez moy du tort qu'elle me fait.
>
> Qui eust jamais pensé, t'aimant avec tendresse,
> Que tes prospéritez m'eussent tant affligé,
> Que j'eusse désiré, au fort de ma détresse,
> Que le Pape et le Roy t'eussent moins obligé ?
>
> Mon païs, qui vantoit l'honneur de ta naissance,
> N'eust pas cru que l'Aunis t'eust brigué dessus luy,
> Ny qu'aucun accident eust assez de puissance
> Pour le rendre jaloux de la gloire d'autruy.

> Le Loire, murmurant de sa perte apparante,
> S'est enflé de despit, prest de se déborder,
> Et va dans l'Océan quereller la Charante,
> Qui luy ose ravir l'heur de te posséder.
>
> Ceste solennité me seroit fort plaisante,
> Si je pouvois encore après te retenir,
> Mais les chatouillemens de la joye présente
> Cedent aux sentimens de mon mal à venir.
>
> Puisque tu es pasteur, je te voudrois le nostre,
> Si le grand Cospéan ne retenoit mes vœux ;
> Ne pouvant avoir l'un sans me priver de l'autre,
> Je ne puis par raison vouloir ce que je veux.
>
> Mais, puisqu'un saint décret maintenant vous assemble,
> Je suis bien consolé de vous voir en ce lieu,
> Car les noms de Philippe et de Jacques ensemble
> Sont d'un heureux présage en l'Église de Dieu.

Albert Le Grand, qui cite cette pièce dans son *Catalogue chronologique des évêques de Bretagne*, se récrie d'admiration et il ajoute que l'auteur, fort oublié aujourd'hui, « étoit non moins chéry des Muses qu'admiré des plus équitables adorateurs de la déesse Astrée. » Il s'en faut que ces éloges soient justifiés, le bel esprit de province marche trop souvent sur les traces de l'abbé Cotin ; mais il n'était pas sans intérêt de montrer que les lettres étaient en honneur à Nantes, au début du XVIIe siècle, et que les faits d'histoire locale y fournissaient matière à la poésie.

Voici encore trois noms de petits poètes, relevés au cours de mes recherches. Le premier était Normand de naissance, mais il se naturalisa Breton, en fondant à Saint-Brieuc la première imprimerie de cette ville : c'est l'imprimeur

Guillaume Doublet, duquel descendent par les femmes les Prud'homme d'aujourd'hui. Dans le *Bibliophile Breton*, publié par M. Plihon (1er trimestre de 1884), M. Arthur de la Borderie nous apprend que Doublet inséra, en tête des *Vies de S. Brieuc et de S. Guillaume,* du chanoine La Devison (1627), des stances de sa composition, qui n'ont pas été reproduites dans la réimpression de ce livre, faite en 1874. Voici ces stances, dédiées « à Monsieur de la Devison » ; elles ne manquent pas d'originalité :

> Roulez, siècles, roulez comme les flots baveux,
> L'un l'autre s'estouffant d'une mortelle envie ;
> Vous ne pourrez jamais faire que nos nepveux
> De leurs sacrez prélats ne sçachent bien la vie.
>
> Leurs mérites, cachez dans vostre antiquité,
> Comme les diamans sous les eaux de Pactole,
> Sortent présentement de ceste obscurité,
> Pour se faire admirer de l'un à l'autre Pôle.
>
> Docte La Devison, c'est par vostre moyen
> Que ces astres bessons, patrons de nostre église,
> Sont tirez de l'oubly : ainsi que ce Troyen,
> Qui du milieu des feux retira son Anchise.

Je ne quitterai pas la *Vie de S. Brieuc* et l'article du *Bibliophile Breton,* sans constater que je me suis trompé en disant que François Auffray, le recteur de Pluduno, n'écrivit pas de vers depuis ses *Hymnes et Cantiques* (1625), jusqu'à sa mort (1652). En ces mêmes vies des SS. Brieuc et Guillaume, il se trouve des stances d'Auffray, également non réimprimées en 1874 ; ces stances ont sept strophes de six vers octosyllabiques ; je cite la première, qui sent toujours son Ronsard :

> Bon Dieu ! que j'ayme ce volume,
> Peint des traits d'une docte plume,
> Et plein d'attraits délicieux !
> Il semble, à chaque période,
> Que c'est un second Hésiode,
> Qui place au ciel ses demy-dieux.

Ce qui suit nous représente le bon chanoine La Devison versant « le musc et l'or » image digne d'un temps où l'on recueillait *les fleurs des vies des saints*.

Un sieur Guérin, « advocat au Parlement, Breton, » a écrit, en tête d'*Amour et Justice*, tragi-comédie du sieur de Richemont (Paris, Claude Collet, 1632), huit vers, maladroitement entremêlés de termes juridiques, qui n'ont dû rien ajouter à sa réputation d'avocat.

Enfin, j'ai découvert, dans la riche bibliothèque de M. le marquis de Villoutreys, un marquis du Bois de la Musse, gentilhomme breton, auteur d'un sonnet adressé à « Monsieur de la Forge, Angevin, sur son *Cercle des femmes sçavantes*. » (Paris, Trabouillet, 1663.) Ce seigneur du Bois de la Musse est probablement celui que j'ai vu désigné, dans un acte du 9 février 1657, comme premier président de la Chambre des Comptes de Bretagne. Les deux quatrains de son sonnet, que j'ai transcrits, ne le cèdent pas, en préciosité, à la comédie de son ami de la Forge, dont une nouvelle édition doit paraître prochainement chez le libraire Henninger, à Heilbronn :

> Que ton cercle me semble beau !
> Il donne un nouveau lustre à tes muses galantes,
> Et l'on verra ta gloire au-dessus du tombeau,
> Tant que dans l'univers on verra des sçavantes.
>
> J'admire ce riche tableau,
> Et, dans ces images vivantes,
> Si l'esprit est surpris des traits de ton pinceau,
> Le cœur ne l'est pas moins de ces femmes charmantes.

Je ne cite pas les tercets, par charité, craignant qu'il ne se trouve un Alceste pour donner les étrivières au nouvel Oronte.

Tanguy Guégen, curé de Plouguerneau, auteur de plusieurs livres écrits en breton, a entremêlé de quelques noëls français un *Recueil de noëls anciens et dévots, en breton*, qu'il a fait paraître à Quimper-Corentin, chez Georges Allienne en 1650.

La Biographie universelle de Michaud (article signé H. Audiffret) prétend que Pierre de Lesconvel, gentilhomme breton du XVIIe siècle, connu par divers écrits en prose, « a composé un grand nombre de pièces de poésie insérées dans les journaux du temps ; » cette affirmation, dont nous n'avons pu contrôler l'exactitude, n'est pas répétée par les autres biographes de Lesconvel.

Aucun bibliographe ou bibliophile n'a vu un petit poème intitulé : la *Parure des dames*, qui selon Brunet et M. de Kerdanet (*Notices sur les écrivains de la Bretagne*), aurait vu le jour en 1606, et aurait pour auteur René-Timothée Lespine, gentilhomme du Croisic ; il serait séduisant de voir dans ce poète, le père de René de Lespine, poète aussi et Croisicais, né en 1610, et compris dans notre *Anthologie* ; mais rien ne vient confirmer cette hypothèse, l'existence de Timothée de Lespine et celle de son poème sont problématiques, et il convient très probablement de reléguer celui-ci parmi les apocryphes bretons.

Il faut faire aussi peu de cas de l'attribution suivante : une *Bibliographie* peu sérieuse, éditée récemment à Paris, attribue à un certain Arnault, de Nantes, un poème : *Le Miroir d'inconstance*, publié en 1603, s. 1. (in-16 de 133 pp., la dernière non chiffrée). La Bibliographie en question renvoie au *Bulletin du Bibliophile de 1855*, qui ne dit mot du livre ni de son auteur ; *le Miroir d'Inconstance* est écrit en strophes, et en vers de huit syllabes ; voici la moins compromettante des strophes citées par la *Bibliographie* :

> L'honneur ne gist qu'en la pensée,
> Ny le mal qu'en l'opinion,
> Ceux qui ne l'ont point offencée,
> Vivent exempts de passion.

Rien, en somme, n'est moins certain que l'origine bretonne de ces vers ; qui sait si Arnault, de Nantes, n'est pas de Mantes, ou d'ailleurs ? Puisque je suis sur le chapitre des attributions, des suppositions, je rappellerai que M. Édouard Fournier (*Poètes français* de Crepet, tome II, page 660), insinue que le sémillant abbé Mathieu de Montreuil était probablement né en Bretagne, vers 1620.

C'eût été une précieuse recrue pour notre *Anthologie*, où il eût donné la main à ses amis, Jean de Montigny et l'abbé de Francheville. Malheureusement, les éditeurs de Montreuil, M.J.-V.-F. Liber, M. Octave Uzanne[89], le font Parisien, et c'est trop peu de son séjour en Bretagne, et même de sa longue intrigue avec la sénéchale de Rennes, pour aller contre une opinion aussi généralement reçue.

OLIVIER DE GOURCUFF.

1. ↑ Du latin *vagus*, errant.
2. ↑ Saint Armel, dans les terreurs de l'agonie, donnant de la soupe aux pauvres :

    Ah ! donc, mes chers amis, vous voulez du potage ?
    Si n'en avez assez, en aurez davantage.
3. ↑ Très rare activement, dans le sens de *faire tourner*.
4. ↑ Tome II des *Mélanges historiques, littéraires et bibliographiques*.
5. ↑ Pierre-Ange Manzolli naquit à Stellata, dans le Ferrarais, au commencement du XVIe siècle (ses anciens traducteurs l'appellent quelquefois *Stellat*). — Il publia, sous le pseudonyme de *Marcellus Palingenius*, un poème intitulé : *Zodiacus Vitæ*, dédié à Hercule, duc de Ferrare. La 1re édition de ce poème, qu'aucun bibliographe n'a vue, et que l'Inquisition détruisit, dut paraître à Venise, en 1534. Il y a plusieurs autres éditions, celle de Bâle (1537), celle de Lyon (Jean de Tournes, 1589), celle de Rotterdam (1722). — Olivier de Magny et Jean Avril avaient entrepris des traductions complètes du *Zodiaque*, qui n'ont pas été publiées ; en dehors de l'imitation de Rivière, Scévole de Sainte-Marthe (*Premières œuvres*, Paris, Federic Morel, 1569) a traduit ou imité treize morceaux de Palingene ; la seule traduction en prose française est due à un sieur de la Monnerie, elle parut en 1731 (à la Haye, chez J. Vanden Kieboom), avec une dédicace à lord Chesterfield et une préface, qui n'est pas du traducteur.
6. ↑ Pol de Courcy, *Nobiliaire de Bretagne*, 2e édit., t. II, p. 337 ; cf. t. III, p. 91. Voir l'Appendice de cette étude.
7. ↑ *Abriez*, pour *abrités*, est dans Montaigne, (liv. I, ch. 20), et dans Saint-Amant :

> ... Enfin le bon Dieu nous *abrie*,
> Et voici les convois de Beausse et de la Brie.

8. ↑ *Cambazu* doit être une faute d'orthographe ou d'impression, pour *Cambalu*, ville d'Asie, capitale du Catay, dans la grande Tartarie.
9. ↑ Je risque une conjecture : ce souhait littéraire m'a l'air de compléter le précédent ; faites, ô Muse, dit Rivière, que mon livre ne serve pas à envelopper le poivre, et il ajoute : *gardez-moi des beurriers*, des marchands de beurre, à qui il faut de méchant papier pour envelopper leur marchandise.
10. ↑ &zwnj ;

> Le champ plat, bat, abat...

avait dit Du Bartas (1er *jour de la Seconde Sepmaine*), parlant du cheval dompté par Caïn.

11. ↑ Du Bartas écrit *chardonnet* ou *chardonneret;* Rivière (livre IX du *Zodiaque*) a comparé l'âme, tourmentée par les passions, à un *chardonnet dans sa cage d'osier*, pris entre deux chats *qui lui donnent échec et mat*.
12. ↑ &zwnj ; La *rondache* était un grand bouclier. — *Scofion*, ou mieux *escoffion*, du grec *coufia*, coiffe (V. les *Épithètes* de de la Porte).

> D'abord leurs *escoffions* ont volé par la place.
>
> (Molière, l'*Estourdy*, acte V, sc. 14.)

13. ↑ *Attifet*, ajustement (on dit encore s'attifer.) — Plus bas, *Échauguette*, guérite.
14. ↑ Les toiles de Quintin étaient, dès lors, si renommées, que l'on disait du *quintin* pour une toile fort fine et fort claire, dont on fait des collets et des manchettes. — Pour *le moule, la tresse, la chausse d'estame* (laine tricotée), le patin, consulter l'*Histoire de la Mode en France*, par M. A. Challamel, *passim*.
15. ↑ &zwnj ; *Chesnaye, chazière*, sont des termes souvent employés dans la campagne bretonne ; ailleurs, Rivière s'est servi d'un joli mot, très usité dans le pays nantais, pour exprimer une folie douce, le verbe *folayer*, (livre V du *Zodiaque*).

> Par elle (la Grèce), à *folayer*, ont les Latins appris.

16. ↑ Le verbe *bavoler*, que je n'ai vu nulle part, vient de cette légère coiffure de paysannes, appelée *bavolet*.
17. ↑ *Faitard* (*tarde faciens*) fainéant.

> Je prierai pour luy de bon cueur,
> Mais quoy ? ce sera donc par cueur.
> Car le dire je suis, *faitard*.
>
> (Villon, *Grand Testament*.)

18. ↑ Shakspeare, *Turning of the shrew*; le moyen réussit à Petrucchio (v. scène dernière).
19. ↑ Malherbe, lettre du 19 mai 1610. — P. Mathieu, *Histoire de la mort déplorable du roi Henri le Grand* (Paris, 1611).
20. ↑ Les *Karrabins* (corruption de *Calabriens*), étaient des miliciens, des Argoulets, qui venaient de Calabre ; leur arquebuse s'appelait *carabine* : voilà deux mots qui ont eu des fortunes variées.
21. ↑ «Le conte de *Peau d'Asne*,» — dit Perrault, dans la préface de l'édition de 1695, — est conté tous les jours à des enfants par leurs gouvernantes et par leurs grand'mères.»
22. ↑ C'est la Statue *surnommée Pasquin*, adossée aujourd'hui au palais Braschi, sur la place Navone, et à laquelle les railleurs romains attachent, depuis quatre siècles, des libelles satiriques.
23. ↑ Ce ne-fut pas seulement en France que la tragique catastrophe de Biron occupa les imaginations. Georges Chapman fit représenter à Londres *The conspiracie and tragoedy of Charles, duke of Byron, marshall of France* (1625).
24. ↑ *Caroler*, vieux verbe qui veut dire danser, se divertir. — *Morisque*, «danse de caractère dans le genre mauresque, et qui se faisait aux flambeaux,» dit M. A. de la Borderie, annotant un passage d'une *lettre de rémission* accordée par le Roi Louis XII à Jean Bodart, Nantais. (*Mélanges publiés par la Société des Bibliophiles Bretons*, t. II, p. 248.)
25. ↑ *Potiron*, ancien synonyme de champignon, fort en usage à Nantes et aux environs. Le Dictionnaire de Trévoux donne l'étymologie grecque, *pottairion*, gobelet, *à cause qu'il ressemble à un gobelet renversé*.
26. ↑ Palingene avait dit simplement : *In magnâ urbe*.
27. ↑ &zwnj ; Il y a une image analogue dans du Bartas (5me jour de la *Sepmaine*) :

    Comme un peintre excellent, pour s'esbatre, ores tire

    Un gentil Adonis, ore un bouquin Satyre,

    Ore un Cyclope énorme, ore un Pygmée indois,

    Et ne travaille moins son esprit et ses doigts

    À quelquefois tirer une horrible Chimere,

    Qu'à peindre les beautés de l'honneur de Cythere…

28. ↑ *Grotesque*, dans le sens de peinture extravagante ou ridicule, était masculin ou féminin, mais ne se disait guère qu'au pluriel. De la locution *new à pompette*, l'argot a retenu le dernier mot.
29. ↑ *Merrein* ou *Merrain*, bois fendu en menues planches propres à différents ouvrages (*Dictionnaire de Trévoux*).

30. ↑ &zwnj ; Les archers polonais avaient, au XVIe siècle, hérité de l'adresse proverbiale des anciens Scythes ; Rivière dit ailleurs (livre IV du *Zodiaque*, page 78) :
   Mais tu bouches l'oreille à ma plaintive voix,
   Fuyant comme le trait son *archer polonois*…)
31. ↑ *Bourrasse, Bonace,* orthographe fautive, pour Bourrasque, Bonace (calme de la mer).
32. ↑ Cette expression bizarre, *elme de paix,* dérive certainement du *feu Saint-Elme,* sorte de météore qui s'attache aux mâts des vaisseaux, après la tempête.
33. ↑ *Mémoires* de l'abbé de Marolles (tome I, pages 20 et suivantes de l'édition d'Amsterdam, 1755).
34. ↑ Rivière n'a pas écrit *fable;* il a *blasonné* gauloisement les héroïnes de Plaute et de Térence.
35. ↑ Les *Topinambou* (*Topinimbae*) sont des peuplades sauvages de l'Amérique du Sud. Jean de Léri en parle dans son *Histoire du Brésil;* mais on ne voit pas trop quel rapport ils ont avec les *Margajat* (ce dernier mot désignant, d'après le *Dictionnaire de Trévoux*, « un homme petit et mal fait, sans aucune mine »).
36. ↑ *La Chambre dorée* (c'était le lieu où se rendait la justice suprême) est le titre du livre III des *Tragiques* d'Agrippa d'Aubigné.
37. ↑ *Affaire* était autrefois du masculin.
38. ↑ V. une très intéressante dissertation sur le *Purgatoire de saint Patrice,* dans le *Monde enchanté, cosmographie et histoire naturelle fantastiques du Moyen Age,* par F. Denis (Paris, Fournier, 1843, pages 157-174).
39. ↑ *Cameloté,* travaillé à la manière du camelot (étoffe de poil de chèvre), — par extension, ondé, inégal (en parlant d'un terrain).
40. ↑ L'édit de juillet 1600 avait partagé le service de la Cour en deux *semestres* (de février à août — d'août à février). Rivière avait donc bien *six mois* de vacances, le *semestre loisir* n'est pas une figure de rhétorique.
41. ↑ Dans les Notices de M. A. de la Borderie sur les anciens imprimeurs bretons, publiées dans le *Bibliophile breton* (Rennes, Plihon, 1883), je relève une citation du *Traité de la briefve vie des princes,* du médecin spagirique Roch Le Baillif, sieur *de la Rivière* (?). C'est, comme ici, le tableau de la haine du boyau de loup contre le boyau de mouton : « Il est impossible accorder ni mettre à uny-son sur un instrument de musique une corde faicte de boyau de loup avec celle de mouton ou de brebis : un tambour à peau de loup faict casser ceux de mouton près desquels il est battu et semble leur humer le ton. »
42. ↑ *Macilent,* mot tout latin ; *macilenlus,* maigre.

43. ↑ Anatomie ne veut pas dire ici *dissection d'un corps*, mais *corps disséqué* ; c'est une synecdoche.
44. ↑ Sous-entendu *aussi*.
45. ↑ Ce phénomène céleste est attesté par S. Goulart (Commentaire sur le quatrième jour de la *Sepmaine* de Du Bartas) : « Le neuvième jour de novembre 1572, apparust vers la teste de Cassiopée, vers le Pôle, une nouvelle estoille, non jamais veue auparavant, laquelle luisit clairement l'espace de quelques mois, au grand esbahissement de tous les Astronomes. »
46. ↑ Chr. de Gamon, *Quatrième jour de la Sepmaine,* pages 107 et 108 de la 2e édition (Lyon, Claude Morillon, 1609). — *Journal,* adjectif, pour *journalier*, était vieilli dès le XVIIe siècle.
47. ↑ *Carboucle, carboncle (carbunculus)* ; on ne dit plus qu'*escarboucle*.
48. ↑ Le *Sidereus Nuntius* de Galilée, où il expose ses découvertes astronomiques, parut in-4°, à Florence, en 1610.
49. ↑ La *Taprobane* est aujourd'hui Sumatra ; cette île passait pour merveilleusement fertile, et produisant l'or en abondance,

> Pour qui nous recherchons, outre la *Taprobane*,
> À travers mille mers, une autre Tramontane…
>
> (Du Bartas, 5e jour de la *Sepmaine*.)

Sur le *Tartare Idal-Cham*, consulter les *Voyages de Thevenot*.

50. ↑ *Illustrer*, éclairer.
51. ↑ *Vulcain,* veut dire ici *feu* ; c'est une figure bien hardie, que Rivière a employée ailleurs : « le paresseux » — dit-il — « a toutes les peines du monde à se lever, il ne se décide que s'il entend le larron escalader son mur,

> « Ou petter *le Vulcain* de son lit en la paille… »

52. ↑ *Genèse*, Ch. I.
53. ↑ *Semaine* de Gamon, 5e jour, p. 156 (édition de 1609).
54. ↑ *Infait*, ancienne forme, pour infect (*inficere*).
55. ↑ Du Bartas, 3e jour de la *Sepmaine* ; Encausse, Barège, sont encore mentionnés ; *Aigues-Caudes* (les Eaux-Chaudes).
56. ↑ Gamon, *Semaine*, p. 85 : Pougues, Spa, (*des Liégeois le recours*), ne sont pas oubliés, non plus que bien d'autres, dans cette énumération qu'il serait piquant de mettre en regard d'un livre moderne, le *Guide aux Eaux Minérales* du Dr Constantin James, par exemple.
57. ↑ *Echars*, très ancien mot tombé en désuétude, qui signifie chiche.
58. ↑ C'est une expression de M. Vinet (*Chrestomathie française*).

59. ↑ Lucrèce, *De Nalurâ Rerum*, l. IV, v. 8-9.
60. ↑ Elisabeth mourut dans la paroisse de Noyal-sur-Vilaine, le 5 janvier 1581, et y fut inhumée le 7. (Registres paroissiaux de Noyal-sur-Vilaine.)
61. ↑ Plusieurs membres de la famille de Rochemaillet (de son vrai nom Michel) ont écrit des vers latins et français dans des recueils du temps. Ils étaient Angevins.
62. ↑ *La Bretagne à l'Académie française au XVIIe siècle*, par René Kerviler. — Paris, Palmé 1879. in-8°. (2e édition.) — Couronné par l'Académie française.
63. ↑ Voir *la Presse politique sous Richelieu et l'académicien Jean de Sirmond*, par René Kerviler. Paris, Baur, 1877. In-8°.
64. ↑ Cf. *Le chancelier Pierre Séguier et le groupe académique de ses familiers et commensaux*, par René Kerviler. Paris, Didier, 1874 in-8°, et 1876, in-18.
65. ↑ Bibl. de l'Arsenal. Mémoires inédits de Conrart. Voir sur ces mémoires : *Valentin Conrart, Étude sur sa vie et ses écrits*, par René Kerviler et Ed. de Barthélemy. Paris, Didier, 1881. In-8° (couronné par l'Académie française).
66. ↑ Voir les *Annales de la Société académique de Nantes*, 1862. 1er semestre. « Les poètes du Croisic et de Blain, » par M. J.-L. Bizeul.
67. ↑ Historiette LXXX. *Parlons un peu des amours de Monsieur*.
68. ↑ Devaient avoir raison.
69. ↑ C'est une erreur : M. Halgan n'avait pas vu la 1re édition des *Amitiez, Amours et Amourettes* (1665) de six ans antérieure à la *Comtesse d'Escarbagnac* (1671).
70. ↑ *La Bretagne à l'Académie française au XVIIe siècle*. Paris, Palmé, 1877, 8.° (Couronné par l'Académie.)
71. ↑ Mlle de Rambouillet, duchesse de Montausier, gouvernante des Enfants de France.
72. ↑ Il y avait succédé, comme abbé de Saint-Jacut, à son oncle Pierre.
73. ↑ Citation de l'*Aminte du Tasse*. Il me paraît inutile d'ajouter que la précédente est de Virgile.
74. ↑ Sévigné, édit. Grouvelle, X, 132-133.
75. ↑ Ceci nous reporte au XIe siècle, au temps des trouvères.
76. ↑ Sévigné, X, 215-216.
77. ↑ « Du mercredi 30 novembre 1689… Quand je montre vos lettres à mon fils et sa femme nous en sentons la beauté. Mon ami Guébriac tomba, l'autre jour, sur l'endroit de la Montbrun : il en fut bien étonné ; c'étoit une peinture vive et bien plaisante… (*Ibid.*, p. 243.)

78. ↑ *Ibid.*, p. 298.
79. ↑ Sévigné, X, p. 335.
80. ↑ *Ibid.*, p. 353.
81. ↑ *Mélanges historiques, littéraires, bibliographiques,* publiés par la Société des Bibliophiles Bretons, tome II, p. 147-161.
82. ↑ Consulter sur le Père Grignion de Montfort le livre si complet de M. l'abbé Pauvert (*Vie du P. de Montfort…* Poitiers, Oudin, 1876).
83. ↑ *Boucon*, morceau, ou breuvage empoisonné (*Dictionnaire de Trévoux.*)
84. ↑ Attesté.
85. ↑ *Caquin*, en Basse-Bretagne, était synonyme de lépreux.
86. ↑ Ton épée.
87. ↑ Leurs marches, du latin *incedere, incessus.*
88. ↑ Qui s'en vont.
89. ↑ Toutefois, M. Octave Uzanne ne serait pas éloigné de voir dans Mathieu de Montreuil un Breton ; notre confrère fonde cette croyance sur certaines lettres du poète qu'il a si gracieusement édité. C'est toujours un texte formel qui manque : pourquoi Jal n'a-t-il pas tranché la question ?